大谷翔平とホームラン

AKI 猪瀬

KADOKAWA

はじめに　日本人初のＭＬＢホームラン王

25年以上、メジャーリーグ（ＭＬＢ）に関わる仕事をしてきたが、「日本人選手がホームラン王を獲得する」とは、夢にも思っていなかった。

２００１年にイチローと新庄剛志《しんじょうつよし》がＭＬＢデビューを果たして、日本人野手の歴史がスタート。以降、次の通り総勢19名の野手（大谷翔平を含む）が海を渡っている。

２００１年　イチロー、新庄剛志
２００２年　田口壮《たぐちそう》
２００３年　松井秀喜《まついひでき》
２００４年　松井稼頭央《かずお》
２００５年　井口資仁《いぐちただひと》、中村紀洋《なかむらのりひろ》

２００６年　城島健司《じょうじまけんじ》
２００７年　岩村明憲《いわむらあきのり》
２００８年　福留孝介《ふくどめこうすけ》
２０１１年　西岡剛《にしおかつよし》
２０１２年　青木《あおき》宣親《のりちか》、川崎宗則《かわさきむねのり》
２０１３年　田《た》中賢介《なかけんすけ》
２０１８年　大谷翔平《おおたにしょうへい》
２０２０年　秋山翔吾《あきやましょうご》、筒香嘉智《つつごうよしとも》
２０２２年　鈴木《すずき》誠也《せいや》
２０２３年　吉田《よしだ》正尚《まさたか》

ホームランに関しては、２００２年に読売ジャイアンツでシーズン50本塁打を記録し、翌２００３年にニューヨーク・ヤンキースに入団した松井秀喜に期待が高まったが、２００４年に記録した31本塁打が自己最多となり、いつしか「日本人選手がホームラン王を獲得する」可能性や願望については、語られることすらなくなっていった。

松井はデビューから3年連続を含む通算4度、シーズン100打点以上を記録する大活躍を見せ、MLB通算175本塁打は日本人最多記録として現在も残っている。ちなみに大谷の2023年終了時点の通算本塁打数は171本。日本人選手で通算本塁打が100本を超えているのは松井、大谷に加えて通算117本塁打を記録したイチローの3人しかいない。

大谷は2018年のデビューイヤーに22本塁打を記録したが、この時点でも「日本人選手がホームラン王を獲得する」日が来るとは、想像すらしていなかった。

2021年に46本塁打を記録したのを目撃して、「もしかすると」という思いは過《よぎ》ったが、それでも断言はできなかった。MLBでホームラン王を獲《と》ることはそれくらい難しい。現に2022年の大谷は、大幅に本数を減らす34本塁打でシーズンを終えている。

だが2023年シーズン、44本塁打を放った大谷がついにホームラン王を獲得した。

シーズンを通して健康体を維持し、二刀流を続けることができれば、毎シーズンMVP争いの主役になることは想像の範疇《はんちゅう》だったが、まさか「日本人選手がホームラン王を獲得する」とは。数年前まで本当に考えられないことだった。しかし、プロ野球時代から周囲の想像を軽々と超え、野球界の常識を覆してきた大谷にしてみたら、今回のホームラン王獲得も、野球人生の中の通過点でしかないのかもしれない。

さらに凄《すご》みを増した2023年の二刀流。ベーブ・ルースでさえ成し遂げていない2年連続の2桁《けた》勝利2桁本塁打を筆頭に、様々な偉大な記録を樹立して、史上初となる満票でのMVP複数回受賞を果たした。

「MLBでこれまで活躍された偉大な日本人選手たちのことを考えると大変恐縮であり、光栄なことです」

日本人選手、そして、アジア人として史上初となる本塁打王を獲得した大谷翔平の言葉である。ちなみに日本国内の報道では、「日本人初」「アジア人初」などのタイトルが付けられて、今回の本塁打王獲得の快挙が伝えられたが、アメリカ国内では「日本人初」などのタイトルは、ほとんど付けられることはなかった。なぜならば、大谷はすでに人種の壁を軽々と飛び越えた存在になっているからである。

本書では、いつの時代もファンを魅了して止まない「ホームラン」の魅力を、大谷翔平の2023年の快挙を交えながら紹介していく。

第1章、第2章では、2023年シーズンに大谷翔平が放った44本の全ホームランを、写真も多く使い克明に記録した。

そして第3章以降では、ホームランの歴史や、往年の名選手の記録についても詳しく取り上げている。

どのページにもホームランの魅力をふんだんに盛り込んだので、気になる章から読み進めていただけると幸いだ。

大谷翔平とホームラン【目次】

第1章

2023年シーズン 大谷翔平ホームラン解説 1～22号

大谷翔平が2023年シーズンに放った1～22号

日本人選手はもとより、アジア出身選手としてもMLB史上初のホームラン王に輝いた2023年の大谷翔平。歴史的偉業を成し遂げた44発のうち、まずは前半の1～22号を振り返っていこう。

ワールド・ベースボール・クラシック（WBC）の興奮と感動がファンの脳裏に色濃く残る3月30日、敵地オークランド・コロシアムでのオークランド・アスレチックスとの開幕戦で大谷の2023シーズンは始まった。投手兼3番指名打者で先発出場した大谷は、第2打席に2023年シーズン初安打となるライト前ヒットを記録している。

4月1日、敵地でのアスレチックス戦。3番指名打者で出場した大谷は、5打数2安打2打点の活躍でチームの大勝に貢献した。

開幕から2試合を消化した時点で打率3割7分5厘。ホームランこそ記録されていないが、WBC出場の疲労感など微塵《みじん》も感じさせないプレーぶりを披露していた。

4月2日、開幕3試合目、敵地でのアスレチックス戦。3番指名打者でスタメン出場。

第1打席、相手先発ケン・ウォルディチャックが初球に投じたスイーパーを叩《たた》いた打球は、センターライナーでアウト。第2打席はフルカウントまで粘るも三振に倒れる。

5回表、ランナー一塁で打席に入ったマイク・トラウトが、センターバックスクリーンに飛び込む2023年第1号の2ランホームランを記録した。

コロシアムにざわめきが残る中、打席に入った大谷。ウォルディチャックが投じた初球は、大谷の膝下《ひざした》に横滑りしてくる128・7キロのスイーパー。見逃せばボールになるような球をすくい上げた打球は、27度の角度で宙に舞い上がり、あっという間にセンターバックスクリーンに着弾した。

2023年の第1号ホームランは、推定飛距離136メートルだった。大谷とトラウトが同一試合で記録する「トラウタニ弾」は通算23度目。バック・トゥー・バック（2者連続弾）は、2022年6月28日のシカゴ・ホワイトソックス戦以来、6度目となった。

フィル・ネビン監督は試合後にこう話した。

「マイクと翔平のホームランを見るのは、いつでも最高の気分だ。マイクに関しては、開幕から強い打球が出ていたので、早い時期にホームランが一本出て良かったと思う。翔平

vsアスレチックス
［オークランド・コロシアム］

対戦投手	ケン・ウォルディチャック	飛距離	136m
打球速度	178km/h	打球角度	27度

4月2日の第1号は「トラウタニ弾」となった

のホームランも素晴らしい一本だった」

この日の試合を終えて大谷は、3試合出場、打率3割3分3厘、1ホームラン、3打点の活躍。極端な守備シフトが禁止された2023年、ここまでシーズン4安打を記録していた大谷だが、もし、極端な守備シフトが継続されていた場合は、2安打がアウトになっていたことになる。このことに関して大谷は「昨年までは極端な守備シフトにより、多くの左打者が不利益を被っていたと思う。しかし、今季は極端な守備シフトが禁止されたので、左右関係なく打者は均等にプレーできると思う」とコメント。この日の一本がすべての始まりとなった。

2023.04.03 **02号**

翌4月3日は、場所をTモバイル・パークに移してのシアトル・マリナーズ戦となった。

3番指名打者でスタメン出場した第1打席は、相手先発ジョージ・カービーが投じた4球目、外に流れ落ちるチェンジアップを打ってセカンドゴロに倒れた。トラウトを塁に置いて迎えた第2打席は、粘った末の8球目、アウトコース高めのスライダーを打ち、6－4－3のダブルプレー。

5回表に回ってきた第3打席、一塁には四球で出塁したトラウト。1ボール1ストライクからの3球目、第1打席で打ち取られたボールと同じ軌道の、外に流れ落ちていくチェンジアップを待っていたかのように振り出されたバットがボールをとらえ、角度26度で打ち上がった打球は綺麗《きれい》な放物線を描きながら右中間スタンドに着弾。ボールをとらえた瞬間、大谷はホームランを確信したかのようにゆっくりと一塁ベースに向かった。

2試合連続のホームランでチームは3連勝を記録。この日、6番二塁手でスタメン出場し3安打の活躍を見せたブランドン・ドゥルーリーは試合後「(テイラー・)ウォード、トラウト、大谷の上位打線は、メジャー屈指の破壊力がある。我々の打線は下位打線も充実しているので、今季の戦いは素晴らしいものになる」とコメントした。

vsマリナーズ
[Tモバイル・パーク]

対戦投手	ジョージ・カービー	飛距離	131m
打球速度	178km/h	打球角度	26度

4月3日の第2号は2試合連続となる一発

2023.04.09 **03号**

本拠地エンゼル・スタジアムでの開幕戦となった4月7日からのトロント・ブルージェイズ3連戦。ここで登場したのが、大谷が発案した、兜《かぶと》を使った「ホームラン・セレブレーション」である。記念すべき第1号となったのは、7日の初戦で、第1打席で2ラン本塁打を放ったマイク・トラウト。初めて兜《かぶ》を被ったトラウトは「見たことがない物だったが、本当にかっこいいと思った。想像していたよりも重かった。でも、かっこよかった。男の子が被る物だと聞いていたしね」と興奮気味に話した。

3連戦の最後となる4月9日。大谷は3番指名打者でスタメン出場を果たした。相手先発は花巻東高校の先輩・菊池雄星《きくちゆうせい》。

第1打席、1ボール2ストライクと追い込まれた4球目、アウトコース低めのスライダーを打たされてファーストゴロに倒れる。最初の勝負は先輩・菊池雄星が勝利。

3回裏の第2打席、1アウト、一塁にはセンター前ヒットのトラウト。2ボール1ストライクからの4球目だった。背中からインコース低めに曲がってくる菊池のスライダーを、体重を残しながらポイントを自身の体に引き付けて打った打球は、低い弾道で左中間スタンドに突き刺さる第3号2ランホームランとなった。

右手人差し指を突き上げながらベースを一周した大谷は、ダグアウト前でブレット・フ

vsブルージェイズ
［エンゼル・スタジアム］

対戦投手	菊池雄星	飛距離	121m
打球速度	175km/h	打球角度	23度

4月9日の第3号で「兜ホームラン・セレブレーション」姿を初披露

イリップスから兜を被せてもらい、満面の笑みを浮かべながらチームメイトとハイファイブを繰り返して自身初の「兜ホームラン・セレブレーション」を敢行した。

5回裏、菊池との3回目の対戦では、フルカウントからスライダーを打ち返してセンター前ヒットを記録。菊池は続くアンソニー・レンドンを打ち取って降板。

2023年初の先輩後輩対決は、3打数2安打1ホームランを記録した大谷に軍配があがった。この日の試合は、大谷のホームランなどで、4回終了時点で6対0とエンゼルス大勝ムードだったが、エンゼルスのブルペン陣が炎上して延長10回、11対12で敗戦。

4月18日、敵地ヤンキー・スタジアムでのニューヨーク・ヤンキース戦。

この日は、「ルースが建てた家」と称される旧ヤンキー・スタジアムが開場して100周年の記念試合となった。100年前のこの日、ベーブ・ルースは旧ヤンキー・スタジアム開場第1号ホームランを記録している。

ここまで大谷は菊池雄星から記録したホームラン以降、7試合、31打席連続ホームランなしが続いていた。この日、大谷は2番指名打者でスタメン出場。

1番ウォードがツーベースで出塁し、第1打席を迎えた大谷。相手先発はクラーク・シュミット。初球のナックルカーブと2球目のスイーパーが外れ、2ボール0ストライク。3球目、シュミットがストライクを取りにきた低めのスイーパーを強振。角度19度で打ち上がった打球は、低弾道でMVPのライバルでもあるアーロン・ジャッジの頭上を越え、あっという間に右中間スタンドに着弾した。推定打球速度は188キロで、スタット・キャスト導入以降では、ビジター選手が同スタジアムで記録した最速2位の記録。

MLB公式ホームページでは、「ちょうど1世紀後、大谷がヤンキー・スタジアムでベーブ・ルースに続きホームランを記録」というタイトルで詳細が紹介された。試合後、大谷は、「ヤンキー・スタジアムが開場して100周年であることは知っていましたが、ベ

vsヤンキース

［ヤンキー・スタジアム］

対戦投手	クラーク・シュミット	飛距離	119m
打球速度	188km/h	打球角度	19度

4月18日の第4号は8試合ぶりとなる強烈な一打だった

ーブがその日にホームランを打ったことは知りませんでした。ここは、情熱的なファンがいるとても美しい球場です。私はいつもここでプレーするのを楽しみにしています」とコメントしている。

驚異的な低空弾丸ホームランをオンデッキ・サークルで見届けたトラウトは「本当にすごい打球だった」と感嘆した。そして、この日の試合前に大谷は、日頃行わない外での打撃練習を行っていた。センターバックスクリーンに飛び込む特大のホームランを連発した大谷は、「いつもケージの中で打撃練習をしていますが、今日は外に出て、打球が遠くに飛ぶ様子を見たかった」と話した。

2023.04.23 05号

4月23日、本拠地エンゼル・スタジアムでのカンザスシティ・ロイヤルズ戦。

3番指名打者でスタメン出場した大谷は第1打席、相手先発ジョーダン・ライルズが投じた初球のカーブをレフトに打ち上げて犠牲フライとなった。

エンゼルスが1対2のビハインドで迎えた6回裏、打席には1番ウォード。ライルズが投じた初球のスイーパーを強振すると打球は高々と舞い上がり、レフトポール際に飛び込むホームラン。続く打席には2番トラウト。2球続けてファールとなり0ボール2ストライク。次にライルズが投じたアウトコース低めのカッターをとらえた打球は、右中間に上がりフェンス中段に塗られた黄色いホームランラインをわずかに越えるホームラン。これで2者連続ホームランとなった。

エンゼル・スタジアムが3者連続を期待する熱気に包まれる中、ゆっくりと打席に入った大谷。初球のインコース低めのカーブを空振り。2球目はインコース高めに抜けるカッターが外れ、3球目は同じコースのカッターを空振りした。4球目はシンカーが高めに抜け、2ボール2ストライク。ライルズが投じた5球目は真ん中低めに落ちてくるカーブだった。その球を、体重を左足に残しながら振り抜いた打球は、角度25度で打ち上がり、センターバックスクリーン右側に着弾した。

vsロイヤルズ
［エンゼル・スタジアム］

対戦投手	ジョーダン・ライルズ	飛距離	126m
打球速度	173km/h	打球角度	25度

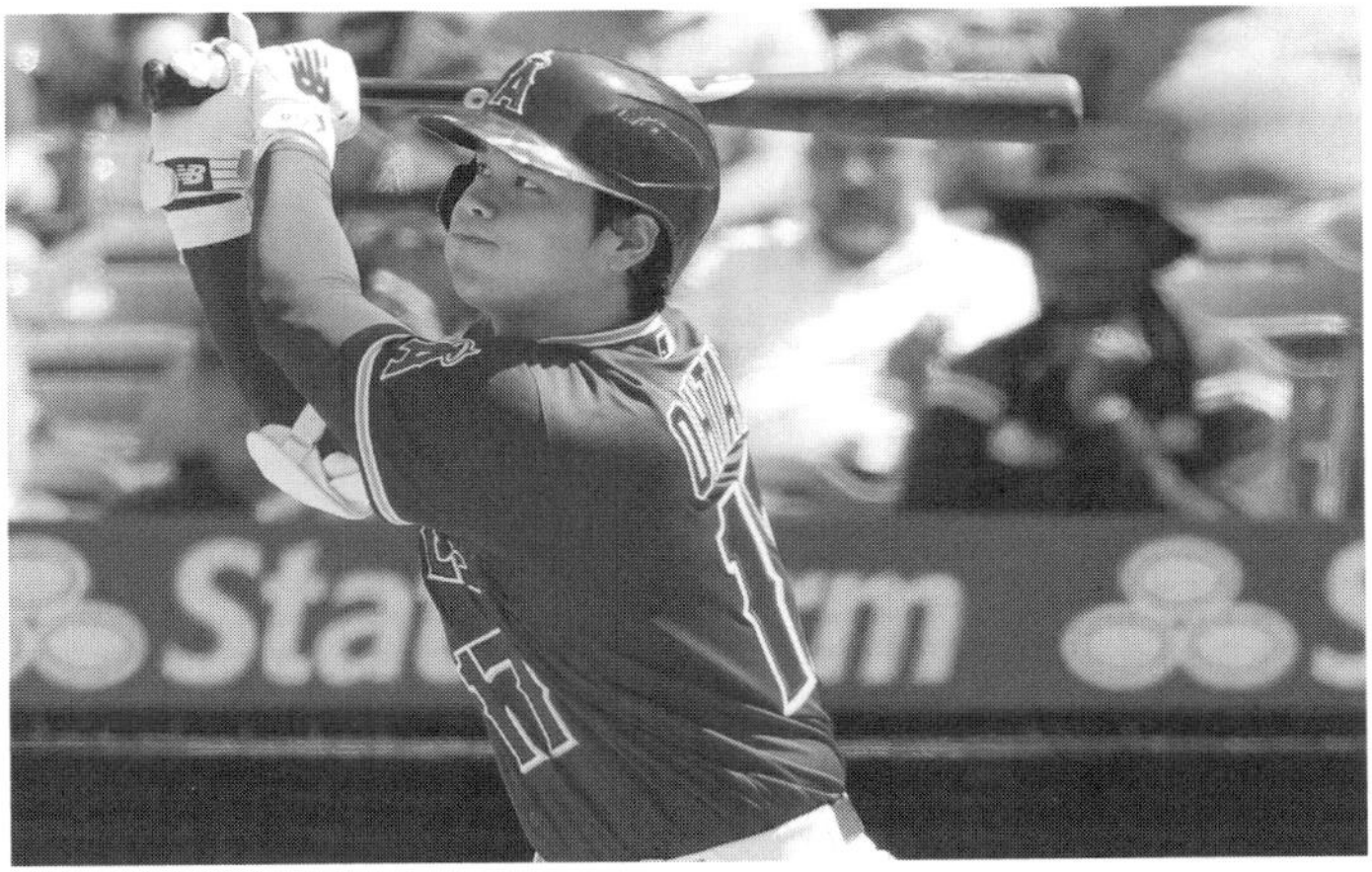

4月23日の第5号はウォード、トラウトに続く3者連続弾

エンゼルスの3者連続ホームランは、2019年6月8日にシアトル・マリナーズにいた菊池雄星からトミー・ラステラ、トラウト、大谷が記録して以来4年ぶりとなった。ちなみに大谷に続くハンター・レンフローは、空振り三振となり4者連続はならずだった。

試合後、トラウトは「ホームランを打った直後の選手に兜を被らせてもらったのが初めてだったので最高でした。そして、今度は僕が翔平に兜を被せました。本当にクールな瞬間だった」とコメントした。ちなみにこのとき、先陣のホームランを打ったウォードは、トイレに行っていて大谷のホームランを見ることができなかったそうだ。

2023.04.26 **06**号

4月26日、本拠地エンゼル・スタジアムでのオークランド・アスレチックス戦。

3番指名打者でスタメン出場した大谷は第1打席、相手先発ルイス・メディーナの前にサードゴロに倒れた。

第2打席は打点付きのファーストゴロ。

第3打席はフルカウントからメディーナのチェンジアップに空振り三振。

6回裏に迎えた第4打席、マウンドにはこの回から、高校時代から鎬《しのぎ》を削ってきた同学年の藤浪晋太郎《ふじなみしんたろう》があがっていた。四球でトラウトが出塁して1アウトランナー一塁。初球は160・7キロの速球がワンバウンドしてボール、2球目は159・2キロの速球を空振り。3球目のアウトコースの159・3キロの速球を逆らわずにレフト前に運び、タイムリーヒットを記録した。

8回裏の第5打席、相手投手はチャド・スミスに代わっていた。1ボール1ストライクからスミスが投じた3球目の真ん中低めのシンカーを振り抜き、打球は角度34度で高く高く舞い上がった。センターバックスクリーンに突き刺さる第6号ホームランとなった。

vsアスレチックス
［エンゼル・スタジアム］

対戦投手	チャド・スミス	飛距離	122m
打球速度	167km/h	打球角度	34度

4月26日の第6号は同学年・藤浪晋太郎の前で放った

2023.04.30 **07号**

4月30日、敵地アメリカン・ファミリー・フィールドでのミルウォーキー・ブルワーズ戦。

3番指名打者でスタメン出場した第1打席は、相手先発コリン・レイのスプリットで空振り三振を喫した。

3回表に迎えた第2打席、レイが投じた初球のカッターを強振した打球は、39度の角度で高く大きく舞い上がりセンター後方へ。中堅手のルーキー、ジョーイ・ウィーマーが背走してフェンスに背中を付けたものの、見上げたまま打球が落ちてこない。ウィーマーが想定した以上に高い位置に着弾した第7号ホームランとなった。角度39度、打球の最高到達点49メートルは共にスタット・キャスト導入後では最高となった。見上げても、見上げても落ちてこなかった大谷のホームランの対空時間は、脅威の7秒間だった。

驚愕《きょうがく》の「ムーン・ショット」を見届けたネビン監督は試合後、「あんなホームランは見たことがない」とコメント。ホームラン直後のダグアウトの中で大谷とネビンは、「どのくらい高く、どのくらい長く、どのくらい遠くに打球が飛んだのか」を話し合い、2人で大笑いしたと語っていた。この歴史的な一本が開幕月に大谷が記録した最後のホームランとなった。

vsブルワーズ
［アメリカン・ファミリー・フィールド］

対戦投手	コリン・レイ	飛距離	126m
打球速度	184km/h	打球角度	39度

4月30日の第7号は滞空時間の長い「ムーン・ショット」

3、4月は打率2割9分4厘、7本塁打、18打点、5盗塁。投げては6先発、4勝0敗、防御率1・85、34回を投げて奪三振46を記録した。打者としてはバットの素材や形状を変え、投手としてはスイーパーが唸《うな》りをあげた。様々なルール変更が行われた2023年。本来ならばスプリングトレーニング期間中に新ルールに適応する時間を多く作ることができたはずだが、大谷はWBCに参加したために十分な時間を作ることができなかった。だが、4月の投打のプレーを見る限り、恐ろしいまでの適応能力を発揮して、準備期間の短さを微塵も感じさせることはなかった。

5月10日、本拠地エンゼル・スタジアムでのヒューストン・アストロズ戦。

3番指名打者でスタメン出場した第1打席は、相手先発クリスチャン・ハビアー投手の高めのフォーシーム（ストレート）に空振り三振を喫した。

4回裏に回ってきた第2打席は、2球目にハビアーが投じた高めのフォーシームを打ったが、打球が高く上がりすぎてセンターフライ。

6回裏の第3打席は、ハビアーの高めのスライダーに空振り三振。

9回裏、マウンドにはアストロズのクローザー、ライアン・プレスリーが登場。プレスリーに対して大谷は、通算10打数1安打と苦手にしており、前日の試合でもカーブで三振に倒れていた。

先頭打者のトラウトが三塁内野安打で出塁して迎えた第4打席。プレスリーが投じた初球のスライダーはファール、2球目のチェンジアップは低く外れてボール、3球目のスライダーはファールとなった。

1ボール2ストライクからの4球目。前日に三振したボールと同じように、ストライクゾーンからボールゾーンに落ちていくカーブをうまくすくい上げた打球は、31度の角度で舞い上がり右中間スタンドに着弾した。

vsアストロズ
［エンゼル・スタジアム］

対戦投手	ライアン・プレスリー	飛距離	124m
打球速度	165km/h	打球角度	31度

5月10日の第8号は膝が地面につくほどの態勢で見事にすくい上げた

打球をとらえた瞬間、大谷の右膝がフィールドにつくくらいバランスを崩されていたが、推定飛距離124メートルの第8号2ランホームランとなった。

大谷のホームランでエンゼルスは、4対5の1点差に迫った。さらにアンソニー・レンドン、ハンター・レンフローが連続ヒットで続き、同点、サヨナラ勝利への期待が高まったスタジアムは盛り上がりを見せたが、ブランドン・ドゥルーリー、マット・サイス、ジオ・ウルシェラが打ち取られ惜敗した。

5月15日、敵地カムデン・ヤーズでのボルチモア・オリオールズ戦。

3番投手兼指名打者でスタメン出場した第1打席、相手先発グレイソン・ロドリゲスから四球を選び出塁を果たす。

3回表、大谷の第2打席、3球目のアウトコースのフォーシームを引っ張り、ライト前ヒットを記録する。

4回表、1アウトランナー一、二塁で迎えた第3打席。ロドリゲスが投じた初球のカーブがど真ん中に入るのを大谷は見逃さなかった。バットを振り抜くと、角度27度で打ち上げられた打球は、右中間方向にグングンと伸びていき、あわや場外となる推定飛距離139メートルの特大逆転3ランホームランとなった。

5回表の第4打席。相手投手はローガン・ガレスピー。2ボール2ストライクから2球ファールで粘り、7球目のチェンジアップをとらえた打球はライナーで右中間へ。右翼手のテリン・バブラが果敢にダイビングキャッチを試みるが失敗。ボールが転々とする中、大谷は悠々と三塁へ進んだ。この時点で自身2度目のサイクル安打達成へ残すは二塁打のみとなり、MLB史上初となる、先発投手によるサイクル安打達成の期待が高まっていた。

7回表、第5打席の大谷はセカンドゴロに倒れた。

vsオリオールズ
［カムデン・ヤーズ］

対戦投手	グレイソン・ロドリゲス	飛距離	139m
打球速度	184km/h	打球角度	27度

9回表に回ってきた第6打席。相手投手マイケル・ボーマンが投じた3球目は外のフォーシーム。大谷は球に逆らわずレフト前ヒットを記録した。惜しくもサイクル安打達成はならなかった。

この日の大谷は、投げては7回5失点（3被本塁打）と苦しい内容だったが、打っては5打数4安打、1本塁打、3打点の大活躍。打者大谷が投手大谷に5勝目をプレゼントする試合となった。

この試合で大谷は、MLBでは1964年にヤンキースのメル・ストットルマイヤーが記録して以来、59年ぶりとなる先発投手として5出塁を記録している。試合後、大谷は「最終2打席で二塁打が出ればサイクル安打になることは知っていました。しかし、投球の内容がよくなかったので、打席の中でうまく気持ちを切り替えることができなかったと思います」とコメントした。

カムデン・ヤーズからわずか1ブロックのところに、元祖二刀流、ベーブ・ルースの生家が残されている。ルースゆかりの地・ボルチモアで、これぞ二刀流の活躍を見せた大谷。オリオールズのブランドン・ハイド監督は試合後、「大谷は、我々が見てきた中で最も偉大な選手の一人だ」と称賛した。

2023.05.18 10号

5月18日、敵地カムデン・ヤーズでのボルチモア・オリオールズ戦。

3番指名打者でスタメン出場した第1打席は、2アウトランナーなしの場面だった。

相手先発タイラー・ウェルズの初球、インコース高めのフォーシームを空振り。

ウェルズが投じた2球目は、アウトコース高めに抜けてきたチェンジアップ。

そのボールをバットの先でとらえると、打球はライトスタンド最前列に飛び込む第10号ソロホームランとなった。

3年連続、自身5回目となるシーズン2桁《けた》ホームランを達成した瞬間だった。

この試合では盟友トラウトもホームランを記録している。

2023年シーズン3回目の「トラウタニ」共演。

2人が打った試合で、チームは3勝0敗と負けなしだった。

なお、通算では25回目で、チーム成績は17勝8敗と高い勝率を誇っている。

vsオリオールズ
［カムデン・ヤーズ］

対戦投手	タイラー・ウェルズ	飛距離	115m
打球速度	161km/h	打球角度	32度

5月19日に第10号を放ち3年連続5度目となる2桁本塁打を達成

2023.05.20 11号

5月20日、本拠地エンゼル・スタジアムでのミネソタ・ツインズ戦。3番指名打者でスタメン出場。相手先発はルイ・バーランド。

第1打席は、読みが外れたのか、真ん中のフォーシームを見逃し三振してしまう。

3回裏の第2打席は、初球のフォーシームを打ち、強い打球のショートゴロ。

6回裏の第3打席。初球はインコース低めのカッターが外れてボール。2球目はフォーシームがインコース高めに外れてボール。3球目はインコースのフォーシームをファール。4球目は真ん中高めのボール球をファールと続き、5球目はスライダーが大きく外れ3ボール2ストライク。

バーランドが投じた6球目は真ん中高め、151・6キロのフォーシーム。甘いボールを逃さずに強振した打球は、33度の角度で舞い上がり、右中間スタンド中段に突き刺さる第11号ソロホームランとなった。

この日の試合前、兜を被せる係だった人気者のフィリップスがメジャー40人枠から外れた。そのため、大谷は急きょバットボーイに兜を被せてもらった。

7回裏の最終打席は空振り三振に倒れた。

vsツインズ
［エンゼル・スタジアム］

対戦投手	ルイ・バーランド	飛距離	126m
打球速度	165km/h	打球角度	33度

5月20日の第11号は急きょバットボーイに兜を被せてもらった

2023.05.24 **12号**

5月24日、本拠地エンゼル・スタジアムでのボストン・レッドソックス戦。3番指名打者でスタメン出場。相手先発はジェームズ・パクストン。

1回裏の第1打席は三球三振に倒れる。

3回裏の第2打席。初球のナックルカーブを空振り。2球目は真ん中高めに大きく外れたカッターだった。見送れば完全なボール球を強振した打球は、30度の角度で舞い上がり逆方向へ飛んでいった。左中間スタンドに届く第12号ソロホームラン。

兜を被りダグアウトをハイファイブで進む大谷。最後に待ち受けていた先発投手のパトリック・サンドバルに兜を被せ、即席のエアー写真会を開催した。

「投手は被ることがないから、被りたかった」とサンドバル。この数日前にサンドバルが、移動のバスの中で大谷がスナック菓子を持つ写真を撮影しSNSに投稿したのに対して、大谷のアンサーがこのときのエアー写真会になった。

なお、この試合ではトラウトも第12号ホームランを記録している。

2023年に両者が揃《そろ》い踏みした試合で、チームは4勝0敗。

ちなみにこの日のトラウトのホームランは、伝説のメジャーリーガー、ジョー・ディマジオを超える通算362号ホームランとなった。

vsレッドソックス
［エンゼル・スタジアム］

対戦投手	ジェームズ・パクストン	飛距離	121m
打球速度	170km/h	打球角度	30度

5月24日の第12号はボール球を左中間へ運んだ一打

試合後、トラウトは「特別な瞬間だった。ディマジオのような偉大な選手の記録に並び、超えることができるのは、本当に大きな意味のあることだ。そして、ディマジオもセンターを守っていたからね」とコメントしている。

大谷との共演については「僕たち2人がともにホームランを打つのは、非常にクールなことだ。それに2人が打てば、良いことが起こる」と語った。

2023.05.30 **13号**

5月30日、敵地ギャランティード・レート・フィールドでのシカゴ・ホワイトソックス戦。

3番指名打者でスタメン出場。相手先発はルーカス・ジオリト。

1回表の第1打席は、2球目の高めのフォーシームを打ってセンターフライに倒れた。先頭打者で迎えた4回表の第2打席、初球はインコース高めのフォーシームを空振り、2球目は低めのスライダーをファール。0ボール2ストライクと追い込まれた3球目。第1打席で三振を奪った高めのフォーシームを投じたジオリトだったが、大谷は強振。30度の角度で舞い上がった打球は、センターバックスクリーンへ一直線。推定飛距離133メートルの特大の第13号ホームランとなった。

その後の2打席は、ライトフライと三振に終わった。

大谷のホームランで一度は勝ち越したエンゼルスだが、結果は逆転負けを喫した。大谷は直近の13試合で打率1割4分0厘と苦しんでいた。試合後、ネビン監督は「彼だって、我々と同じ人間だ。いいときもあれば、悪いときもある」とコメントした。

対空時間6・2秒のムーン・ショットを見届けた2万2135人の観客からは、大谷が打った瞬間、悲鳴に近い驚きの声があがっていた。

vsホワイトソックス
［ギャランティード・レート・フィールド］

対戦投手	ルーカス・ジオリト	飛距離	133m
打球速度	177km/h	打球角度	30度

5月30日の第13号はセンターへの特大の一発となった

14/15号

翌５月31日も同じく敵地のホワイトソックス戦。

３番指名打者でスタメン出場。相手先発はランス・リン。

１回表、２番トラウトの先制２ランホームランが飛び出した直後の第１打席、初球のシンカーが大きく外れ、投じた２球目、アウトコース高めのチェンジアップに合わせた打球はセンターフライに終わった。

３回表の第２打席、トラウトが死球で出塁して１アウト一塁。リンが投じた初球は、インコースへ１５１キロのフォーシーム。難しいボールだったが、強振した打球はセンター方向にグングンと伸び、バックスクリーン左側に着弾する第14号ホームランとなった。

４回表に回ってきた第３打席、マウンドには引き続きリン。チェンジアップが２球連続で外れ、３球目はインコースのカッターをファール、４球目も３球目と同様の球種とコースをファールとなった。５球目のチェンジアップが外に大きく外れて、３ボール２ストライク。リンが選択した球種はインコース高め、１５０・３キロのフォーシームだった。仰《の》け反るように強振した大谷の打球は、30度の角度で舞い上がり、１８０キロの打球速度であっという間に右中間スタンド上段に突き刺さった。

この時点で今季最長となる推定飛距離１４０メートルの特大の第15号ホームランは、２

vsホワイトソックス
［ギャランティード・レート・フィールド］

対戦投手	ランス・リン	飛距離	130m
打球速度	172km/h	打球角度	30度

対戦投手	ランス・リン	飛距離	140m
打球速度	180km/h	打球角度	30度

023年初となる2打席連続ホームランとなった。そして、この時点で推定飛距離140メートル弾は、大谷が記録したホームランの中で歴代5番目の飛距離となった。

この日はトラウトもホームランを記録し、大谷との共演はシーズン5回目。チームは5勝0敗と全勝している。試合後、大谷は「今は打席の中で気分よく、打つべきボールを強く打ち返すことができている。今日の2本目のホームランは、本当に気分がよかった」と好調さが伝わるコメントを残した。相手の先発リンは、「3本のホームランで6失点、それは起こり得ないことだ。ただ、それをやった2人の男が相手チームにいた」と話した。

5月は、打率2割4分3厘、8本塁打、20打点、2盗塁。投げては5先発、1勝1敗、防御率4・06、31回を投げて奪三振44。5月終了時点でホームラン数は、アーロン・ジャッジの18本に次ぐ、アメリカン・リーグ2位の15本。奪三振数もリーグ1位の90。ホワイトソックス戦で2試合3本塁打を記録して、机上の計算ではシーズン40本ペースとなった。長さと重心を変えた新しいバットの影響なのか、開幕直後から高めの強いボールに対応できていないシーンが多かったが、ホワイトソックス戦でジオリトとリンから、その高い強いボールを打ってホームランを記録。構えたときのグリップの位置を微調整しながら、新しいバットにも適応できてきたことを証明するホームランになった。

2023.06.06 **16**号

6月6日、本拠地エンゼル・スタジアムでのシカゴ・カブス戦。2番指名打者でスタメン出場。相手先発はヘイデン・ウェズネスキー。

第1打席は、2球目のインコースのフォーシームを打ちショートゴロに打ち取られる。

4回裏、先頭打者で回ってきた第2打席。初球、アウトコース高めのフォーシームを見送りストライク。2球目のカッター、3球目のチェンジアップはともにファール。4球目のフォーシームはインコース高めに外れてボール。5球目のスイーパーも外に大きく外れて2ボール2ストライク。ウェズネスキーが投じた6球目はインコース高めのカッターだった。窮屈なスイングでとらえた打球は、24度の角度で射出され低い弾道でライトへ。フェンスを背にホームランキャッチを狙ってジャンプしたのは、カブスの4番右翼手でスタメン出場していた鈴木誠也。フェンスに当たった打球を見て大谷は三塁へ進んだ。

三塁の塁上で大谷は、ライトを守る鈴木に対して、指を回しながらホームランをアピール。鈴木は両手を広げるポーズで応えた。審判団の協議の結果、ホームランと認定され、大谷は三塁ベースからゆっくりと生還。この日、記録した第16号ホームランは6月最初の一本となった。過去5年間で6月は通算28本塁打を記録している当たり月。鈴木の頭上を越えた低空弾丸ライナーの一発で量産モードへの口火となった。

vsカブス
［エンゼル・スタジアム］

対戦投手	ヘイデン・ウェズネスキー	飛距離	114m
打球速度	166km/h	打球角度	24度

6月6日の第16号は審判協議中にカブスのライト鈴木誠也へアピール

2023.06.09 **17号**

6月9日、本拠地エンゼル・スタジアムでのシアトル・マリナーズ戦。

2番投手兼指名打者でスタメン出場。相手先発はエース、ルイス・カスティーヨ。

先発のマウンドにあがった大谷は、先頭打者のクロフォードにいきなり四球。2アウト一塁となって迎えたジャレッド・ケレニックには、真ん中に入った2球目のスイーパーを狙い打たれ先制の2ランホームランを被弾してしまう。

1回裏、打者大谷の第1打席は三塁内野安打で出塁を果たす。

投手大谷は2、3、4回を無失点に切り抜けた。

3回裏、ウォードがエラーで出塁し2アウト一塁で迎えた第2打席。初球、カスティーヨのピッチクロック違反で1ボール。2球目、甘く入ってきた141・8キロのチェンジアップをとらえた打球は、角度30度でセンター方向に舞い上がり、推定飛距離134メートルの第17号同点2ランホームランとなった。

5回表、投手大谷は四球と死球を記録して失点を喫する。

5回を終了して3対3の同点で降板した大谷の投球内容は、5回被安打3、3失点、1被本塁打、6奪三振、6四死球だった。

5回裏の第3打席では二塁打を記録。

vsマリナーズ
［エンゼル・スタジアム］

対戦投手	ルイス・カスティーヨ	飛距離	134m
打球速度	182km/h	打球角度	30度

6月9日の第17号はチームを勝利へ導く貴重な同点弾となった

7回裏に回ってきた最終の第4打席、三塁打が出れば自身2度目のサイクル安打達成だったが、結果は一塁ゴロ。この時点で大谷は、サイクル安打達成未遂が4試合目となった。

登板試合でのホームランはシーズン2度目、通算7度目。3安打はシーズン4回目となり、殿堂入りの名投手ウォーレン・スパーンが1958年にミルウォーキー・ブレーブスで5回達成して以来の記録となった。

試合後、大谷は「投球に関しては、よくなかったです。自分の体を効率よく使って投球することができませんでした。打撃に関しては、いい状態が続いていると思います。それよりも今日は、チームが勝利したことが一番嬉《うれ》しいです」とコメントした。

2023.06.10 18号

6月10日、本拠地エンゼル・スタジアムでのシアトル・マリナーズ戦。2番指名打者でスタメン出場。相手先発はブライアン・ウー。

第1打席は、5球目の155キロのフォーシームを打ち上げてセンターフライに倒れる。3回裏2アウト、ヒットのザック・ネトを一塁に置いて迎えた第2打席。初球はインコースのボールゾーンに曲がってくるスライダーを空振り。2球目、ウーが投じたボールは初球と同じインコースのスライダーだった。大谷が打った瞬間、ウーはすぐに両手を膝につき項垂《うなだ》れ、ライトスタンド最前列に飛び込んだ第18号ホームランの行方を見なかった。

その後の2打席は連続三振に終わった。5回裏の三振の場面では、3ボール2ストライクからアウトコースに外れたスライダーを見送った大谷だが、フィル・クージー球審のコールはストライク。判定に納得いかない大谷は、手を振りながらダグアウトへ。代わりにダグアウトから鬼の形相をしたネビン監督が飛び出して、クージー球審に猛抗議。もちろん、判定は覆らず、ネビン監督は退場処分となった。

2試合連続ホームランを記録した大谷は、直近の10試合で3割7分5厘、5本塁打、12打点、4二塁打、1三塁打、2盗塁を記録。この時点でアメリカン・リーグ最多本塁打はアーロン・ジャッジの19本だった。

vsマリナーズ
［エンゼル・スタジアム］

対戦投手	ブライアン・ウー	飛距離	122m
打球速度	166km/h	打球角度	28度

6月10日の第18号はインコースのスライダーをとらえた2試合連発弾

2023.06.12 **19/20号**

6月12日、敵地グローブライフ・フィールドでのテキサス・レンジャーズ戦。2番指名打者でスタメン出場。相手先発は韓国系アメリカ人のデーン・ダニング。第1打席はダニングのチェンジアップを打たされてファーストゴロに終わった。3回表の第2打席は四球を選んで出塁を果たす。

5回表の第3打席は、ノーアウト一、三塁でレフトへきっちり犠牲フライ。

7回表の第4打席、マウンドには2番手投手のグラント・アンダーソン。初球はインコース低めにチェンジアップが決まり1ストライク。アンダーソンが投じた2球目はインコースへのシンカーだった。強振した打球はセンターバックスクリーン左へ。打った大谷はステップを2歩、そして、バットフリップを見せて一塁へ走り出した。第19号のソロホームランで5対5の同点に追いついた。

延長12回表、二塁にゴーストランナーのウォードを置いて、打席には大谷。マウンドには5番手のコール・レイガンズ。初球、インコース高めのカッターを振り抜くと、打球はレフトへ。打球が放たれた瞬間、マウンドのレイガンズは、被本塁打を確信したのか、小刻みにジャンプを繰り返して悔しがった。

大谷は両手を広げ、悠々とベースを一周した。

vsレンジャーズ
［グローブライフ・フィールド］

対戦投手	グラント・アンダーソン	飛距離	140m
打球速度	184km/h	打球角度	25度

対戦投手	コール・レイガンズ	飛距離	118m
打球速度	172km/h	打球角度	28度

第20号2ランホームランは、自身初となる延長戦での決勝ホームランとなった。

2023年2回目の1試合2ホームランとなり、19本で並んでいたジャッジを抜いてアメリカン・リーグの本塁打ランキング単独1位に躍り出る。

リーグ20号一番乗りは日本人選手史上初の快挙だった。

レンジャーズの名将ブルース・ボウチー監督は

「両チームにとって激しい試合だった。我々は大谷の2本のホームランで傷ついた」

と敗者の弁を述べた。打たれたレイガンズは、

「自分の投球ができなかった私は、大きな対価を支払うことになった」

とコメント。大谷は、

「地区首位のレンジャーズ相手の4連戦の初戦に勝利することができた。この勝利は大きい」

と手応えを感じていた。

2023.06.14 21号

6月14日、敵地グローブライフ・フィールドでのテキサス・レンジャーズ戦。2番指名打者でスタメン出場。相手先発は元チームメイト、アンドリュー・ヒーニー。

第1打席は、四球を選び出塁した。

3回表の第2打席は見逃し三振に倒れる。

4回表の第3打席は、真ん中低めのフォーシームを弾き返すレフト前ヒットを放った。

7回表の第4打席は、3番手ジョシュ・スポーツのスライダーを打たされてセカンドゴロに終わった。

9回表、1アウト二塁で打席を迎えた大谷。マウンドには4番手のウィル・スミス。初球はフォーシームが外れてボール。2球目、151・4キロのフォーシームがど真ん中へ。体を仰け反らせて強振した打球は、26度の角度で打ち上がり左中間方向へ向かい、あっという間に左中間スタンド2階席に着弾した。

スタンドでホームランボールをキャッチしたレンジャーズファンは、飛び上がって大喜び。このときに計測された第21号2ランホームランの打球速度は、驚異の187キロ。スタット・キャストが導入された2015年以降、左打者が逆方向へ記録したホームランの中で、187キロは最速記録となった。

vsレンジャーズ
［グローブライフ・フィールド］

対戦投手	ウィル・スミス	飛距離	138m
打球速度	187km/h	打球角度	26度

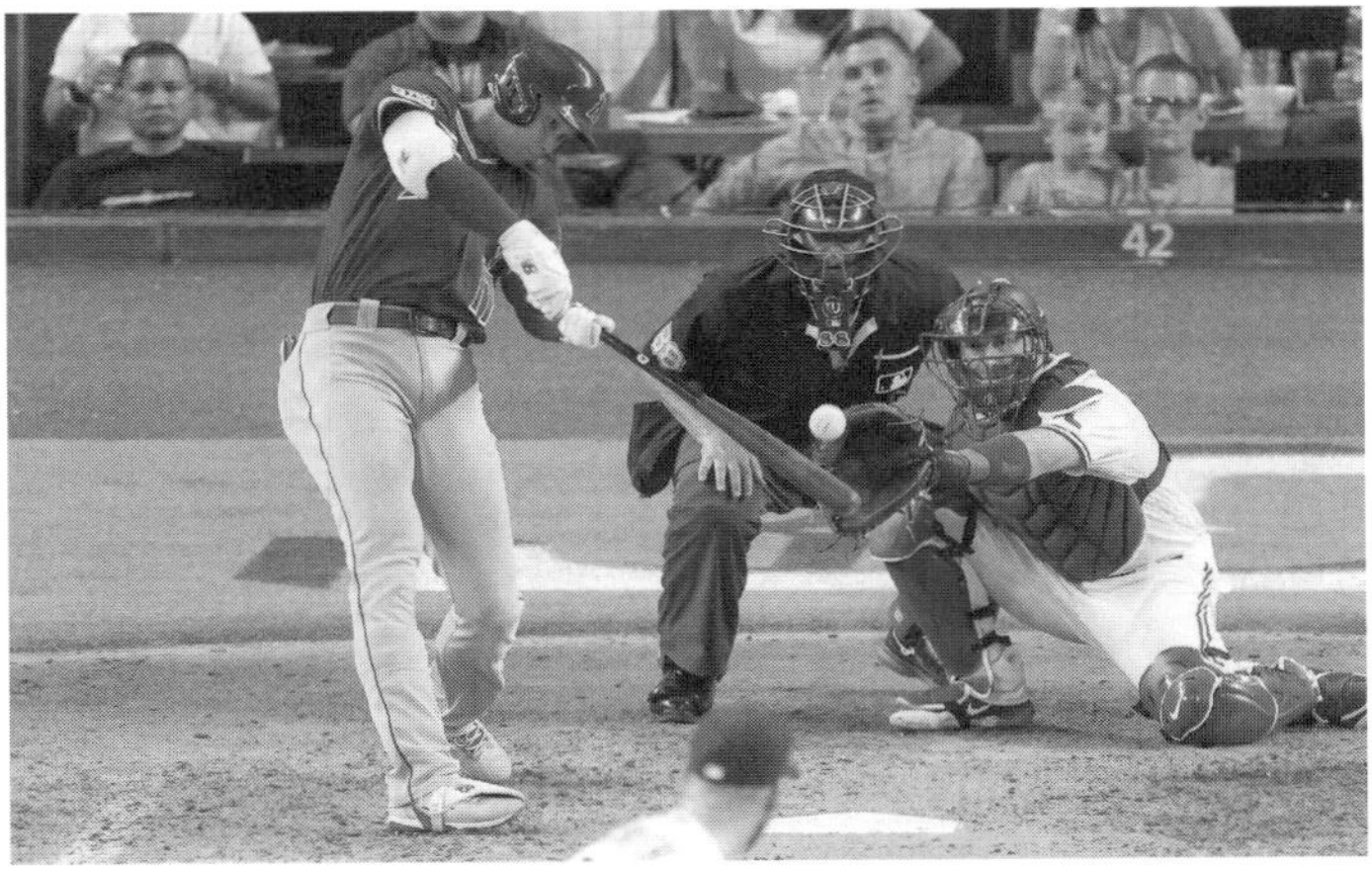

6月14日の第21号は逆方向への本塁打で最速となる187キロを記録

かつての記録が、2017年9月25日に、当時レンジャーズに在籍していたジョーイ・ギャロが放った180・8キロだったことを考えると、大谷の187キロは驚愕の記録となる。

ちなみに右打者が逆方向へ打ったホームランの最速記録は、2018年の開幕戦でニューヨーク・ヤンキースのジャンカルロ・スタントンが、ロジャース・センターで記録した188・8キロ。

2023.06.15 22号

6月15日、敵地グローブライフ・フィールドでのテキサス・レンジャーズ戦。2番投手兼指名打者でスタメン出場。相手投手はネイサン・イオバルディ。

1回表の第1打席は、四球を選び出塁する。

3回表の第2打席、イオバルディの決め球スプリットを打たされセカンドゴロに終わる。

投手大谷は6回を投げ、被安打6、3奪三振、1四球、2失点で降板。

6回表の第3打席は、先頭打者で四球を選び出塁。

8回表の第4打席、マウンドには2番手のブロック・バーク。1番ウォードがヒットで出塁してノーアウト一塁。バークが投じた初球は、アウトコース高めのスライダーだった。強振した打球は第21号と同様に、バックスクリーン左横の2階席に着弾する特大の22号2ランホームランとなった。投手大谷の1ヶ月ぶりとなる6勝目を確実とする打者大谷のホームランとなった。直近16試合で10本塁打となり、MLB全体でもメッツのピート・アロンゾに並ぶトップタイの22本。大谷は「よくボールが見えています。結果に関わらず、毎打席、とてもいい準備ができています」とコメントした。MLBの公式ホームページでは「MVPは疑問の余地なく大谷か」のタイトルで記事が配信された。ホームラン量産モードに入り、周囲は少しずつ騒がしくなってきていた。

vsレンジャーズ
［グローブライフ・フィールド］

対戦投手	ブロック・バーク	飛距離	135m
打球速度	176km/h	打球角度	28度

第2章

2023年シーズン
大谷翔平ホームラン解説 23〜44号

大谷翔平が2023年シーズンに放った23〜44号

第1章では、前半にあたる22号までを振り返ってきた。

第2章では、後半の23〜44号まで一気に振り返っていきたい。


6月17日、敵地カウフマン・スタジアムでのカンザスシティ・ロイヤルズ戦。

2番指名打者でスタメン出場。相手先発はかつてのチームメイト、マイク・メイヤーズ。

1回表の第1打席は、フルカウントまで粘ったもののライトライナーに倒れる。

3回表の第2打席は、3球目のチェンジアップを打たされてセカンドゴロ。

5回表の第3打席は、1アウト一、三塁の場面で初球のチェンジアップを打ちセカンドゴロ。二塁手ニッキー・ロペスから遊撃手ボビー・ウィット・ジュニア、そして一塁手ニック・プラットへ。ダブルプレー完成かと思われたが大谷のスピードが勝り、一塁はセーフ。その間にルイス・レンヒーフォがホームへ生還した。

7回表の第4打席。マウンド上には3番手のテイラー・クラーク。先頭打者のミッキー・モニアックが打ち取られ、打席に向かった大谷。名捕手サルバドール・ペレスは、アウトコース低めにチェンジアップを要求したが、クラークが投じたチェンジアップは高めに浮き上がる失投に。大谷が見逃すはずもなく、強振した打球は30度の角度でバックスクリーン方向へ舞い上がり、推定飛距離133メートルの第23号ソロホームランとなった。

大谷のホームランもあり8対2でエンゼルスが大量リードしていたが、ブルペン陣が捕まり、7回裏に3失点、8回裏にも3失点を許して、8回終了時点で8対8の同点に。

9回表、マウンドには剛腕アロルディス・チャップマン。1アウト二塁、一打勝ち越しの場面で第5打席に入った大谷だが、勝負を避けたロイヤルズバッテリーは、ストレートの四球を選択。続くトラウトが三遊間を抜ける勝ち越しタイムリーを記録した。試合は9対8で9回裏へ。しかし、8回裏から続投のクリス・デベンスキーが犠打による1アウトしか奪えずに、連打を許し2失点でサヨナラ負けを喫した。

この日のホームランがMLB通算150号ホームランとなった。松井秀喜が988試合目で150号に到達したのが日本人選手最速だったが、大谷は637試合目で到達。

残り89試合で現時点でのペースを維持できれば、シーズン51ホームランとなった。

vsロイヤルズ
［カウフマン・スタジアム］

対戦投手	テイラー・クラーク	飛距離	133m
打球速度	177km/h	打球角度	30度

6月17日の第23号はMLB通算150号のメモリアル弾

6月18日、敵地カウフマン・スタジアムでのカンザスシティ・ロイヤルズ戦。2番指名打者でスタメン出場。相手先発は、殿堂入りが確実視されている大ベテランのザック・グリンキー。

1回裏の第1打席。初球は110・9キロのスローカーブが外れ、2球目のチェンジアップを打たされてセカンドゴロに終わった。

3回表の第2打席。初球はインハイのフォーシームが決まり1ストライク。2球目はインコースのフォーシームをファール。3球目はスライダーが外れてボール。4球目はシンカーが外れてボールとなった。2ボール2ストライクからの5球目。113・9キロのカーブで空振り三振を喫した。グリンキーは決して球は速くないが、この打席だけでも、最速145・8キロのフォーシームから113・9キロのカーブを投げ分ける老獪《ろうかい》な投球術で大谷を抑え込んだ。

5回表、先頭のウォードが二塁打で出塁し、ホームランが出れば逆転の場面で大谷が第3打席を迎えた。

初球と2球目はチェンジアップが抜けてボール。3球目はカーブをファール。4球目はチェンジアップをファール。5球目のチェンジアップが外れて3ボール2ストライクとな

vsロイヤルズ
［カウフマン・スタジアム］

対戦投手	ザック・グリンキー	飛距離	129m
打球速度	188km/h	打球角度	22度

った。最後にグリンキーが選択したボールはアウトコース低めに落ちるカーブだったが、112・2キロでインコースに入り、大谷が強振。角度22度で射出された打球は、右中間スタンドに突き刺さる第24号逆転2ランホームランとなった。

打球方向を一瞬だけ見たグリンキーは、マウンドで大声を出しながら悔しがった。

その直後、トラウトにもホームランが飛び出して2者連続ホームラン。兜《かぶと》セレブレーションが終わった大谷は、すぐさまトラウトに兜《かぶ》を被せた。

トラウトは「翔平に兜を被せてもらう瞬間が、一番クールだ」と興奮を隠さない。

普段は積極的にメディア対応をしないグリンキーも試合後「絶好調の大谷に対して失投すると打たれる。カーブを多く使いすぎた」と珍しくコメントを残している。かつてグリンキーは、大谷に対して「本当に素晴らしい選手だ。見ていて楽しいよ」と話したこともあった。

試合後、大谷は「現在の自分自身の調子には、満足している」と好調を裏付ける言葉を語っている。

2023.06.18 25号

6月23日、敵地クアーズ・フィールドでのコロラド・ロッキーズ戦。

2番指名打者でスタメン出場。相手先発はカイル・フリーランド。

1回表、第1打席、フリーランドが投じた5球目のシンカーをとらえた打球は弾丸ライナーで右中間へ。ロッキーズの右翼手ノーラン・ジョーンズがダイビングキャッチを試みるも失敗し、大谷は悠々と二塁へ到達した。

3回表の第2打席は、初球のスライダーを打たされてセンターフライに倒れた。

2対2の同点で迎えた5回表、先頭打者で回ってきた第3打席、初球のナックルカーブを見逃してストライク。2球目のシンカー、3球目のスライダーが外れて2ボール1ストライクとなった。

フリーランドが投じた4球目。見逃せばボールとなるインコース高めのシンカーを、体をコマのようにすばやく回転させ、とらえた打球は右中間のブルペンに着弾する、第25号勝ち越しホームランに。

この一本は、日米通算200号となる節目の一発でもあった。

続くトラウトも、2者連続となるホームランをバックスクリーンに放り込んだ。

6回表の第4打席は、2番手ピーター・ランバートの初球をとらえライト前ヒット。

vsロッキーズ
［クアーズ・フィールド］

対戦投手	カイル・フリーランド	飛距離	132m
打球速度	166km/h	打球角度	26度

8回表の第5打席は、三塁打が出れば自身2度目のサイクル安打となる。マウンドには阪神タイガースでプレー経験があるピアーズ・ジョンソン。

初球のカーブをファール、2球目と3球目のフォーシーム、4球目のカーブも外れて3ボール1ストライクとなり、5球目のカーブを見送ってストライク。フルカウントからの6球目は足元に曲がり落ちるカーブ。大谷のバットは空を切って三振となった。シーズン5度目のサイクル安打未遂だった。

2023年の大谷とトラウトのホームラン共演はこれまで6度あり、チームは6勝0敗だったが、この日は逆転負けを喫し不敗神話は終焉《しゅうえん》した。

大谷にホームランを献上したフリーランドは「あのボールをスイングしてホームランにできるのは、この地球上の人間では一人しかいません。それは大谷です」とコメントしている。ネビン監督は「今の大谷は、すべての球種をすべての方向に打ち返すことができる」と話した。

日米通算200号ホームランを記録した大谷は試合後、「明日《あした》、アメリカと日本での通算201号ホームランを打てるように最善を尽くします」とコメントした。

2023.06.26 **26号**

6月26日、本拠地エンゼル・スタジアムでのシカゴ・ホワイトソックス戦。3番指名打者でスタメン出場。相手先発は剛腕デュラン・シース。

1回表、大谷の新たなライバルとして名乗りを上げたホワイトソックスのルイス・ロバート・ジュニアが、本人の目の前で第22号ホームランを記録した。

1回裏の第1打席。初球のスライダーをファール、2球目のチェンジアップを空振り。迎えた3球目はアウトコース高めのフォーシームを見逃して三球三振に倒れた。

4回裏の第2打席は、初球のフォーシームは大きく外れてボール、2球目のフォーシームはアウトコースぎりぎりに決まりストライク、3球目と4球目はスライダーが外れてボール。5球目にシースはアウトコースへスライダーを投げる予定だったが、インコースへ。失投を見逃さず強振した打球は、36度の角度で高く舞い上がり、右中間スタンド中段に突き刺さる第26号同点ホームランとなった。

推定飛距離136メートルの特大ホームランを献上したシースは、打たれた瞬間に天を仰ぎ見て悔しがったが、時すでに遅しだった。

6回裏の第3打席。シースと力対力の対決となったが、7球目のスライダーを空振りして三振に打ち取られた。

vsホワイトソックス
［エンゼル・スタジアム］

対戦投手	デュラン・シース	飛距離	136m
打球速度	182km/h	打球角度	36度

6月26日の第26号は同点に追いつく特大アーチとなった

1対1の同点で迎えた9回裏の第4打席。先頭のトラウトが四球で出塁すると、マウンドには4番手アーロン・バマー。続く大谷も6球粘って四球で出塁を果たす。続くドゥルーリーの打席でトラウトと大谷がダブルスチールに成功。その後、ドゥルーリーは三振に倒れたが、マイク・ムスタカスに対してバマーが投じた2球目のスイーパーがワイルドピッチとなり、トラウトが生還してエンゼルスがサヨナラ勝利を飾った。

ホワイトソックスのペドロ・グリフォル監督は試合後、「シースは素晴らしい投球をした。スライダーのキレもよかった。ただ、一球だけミスを犯した。その一球が大谷に打たれた一球だった」とコメントしている。

2023.06.27 **27/28号**

6月27日、本拠地エンゼル・スタジアムでのシカゴ・ホワイトソックス戦。2番投手兼指名打者でスタメン出場。相手先発は剛腕マイケル・コペック。

1回裏の第1打席。初球はフォーシームが外れてボール。2球目は真ん中のフォーシームを見逃してストライク。3球目はチェンジアップが外れて2ボール1ストライク。コペックが投じた4球目は、ど真ん中の152・9キロのフォーシーム。強振した打球は35度の角度で舞い上がり、この瞬間、コペックは天を仰いだ。推定飛距離127メートルの打球は、右中間スタンドに着弾する第27号先制ホームランとなった。

7回表、投手大谷は先頭のエロイ・ヒメネスにセンター前ヒットを許し、続くアンドリュー・ボーンを三振に取ったが、ヤズマニ・グランダルに四球を与えたところで降板した。このとき、大谷の右手の爪は割れていた。

7回裏の第4打席。マウンドには2番手トゥーキー・トゥーサン。モニアックがライトフライに打ち取られ、1アウト走者なしで打席に大谷。初球のスプリットを見逃してボール、2球目のカーブが決まり1ボール1ストライク。トゥーサンが投じた3球目はアウトコースに逃げていくスプリット。すばやく反応して、最後は右手一本だけで打ち返した打球は左中間スタンドに届く、第28号ソロホームランとなった。

vsホワイトソックス
［エンゼル・スタジアム］

対戦投手	マイケル・コペック	飛距離	127m
打球速度	178km/h	打球角度	35度

対戦投手	トゥーキー・トゥーサン	飛距離	123m
打球速度	171km/h	打球角度	25度

登板試合での1試合2ホームランは自身初。1900年以降、1試合2ホームラン＋10奪三振を記録したのは、2019年4月2日のザック・グリンキー以来、史上6人目の快挙となった。

試合後、ホワイトソックスのグリフォル監督は「非常に才能がある選手だ。大谷はおそらく最高の選手だと思う。大谷が投げているときには打つのが難しく、打つときには投げることが大変になる」と脱帽。三塁手ジェイク・バーガーは「最初にホームランを打ち、100球投げて降板した後にもう1本ホームランを打つ。なぜそんなことができるのか。大谷がやっていることは、本当に信じられない」と呆《あき》れるようにコメント。

試合後、エンゼル・スタジアムのスタンドから「MVP！ MVP！ MVP！」の大合唱が起こる中、インタビューを受けた大谷は「2021年のときにもファンからMVPコールを受けていました。そのときと同じようなことが起きています。ファンからそのような声援を聞くのは非常に嬉《うれ》しく思います。そして、その声援が、もっといい選手に成長しようと思う僕自身のモチベーションになっています」と語った。爪が割れた件に関しては「試合前に小さな亀裂がありました。その亀裂が段々と悪化したので、最悪の事態になる前に降板しました」と話した。

2023.06.29 **29**号

6月29日、本拠地エンゼル・スタジアムでのシカゴ・ホワイトソックス戦。3番指名打者でスタメン出場。相手先発はランス・リン。

1回裏の第1打席は、5球目のスライダーを空振りして三振に倒れた。

2回裏の第2打席も、4球目のスライダーを空振りして三振。

4回裏の第3打席は、2アウトからトラウトが二塁打を記録したため、大谷は申告敬遠で勝負を避けられた。

7回裏の第4打席。マウンドにはジョー・ケリー。先頭のトラウトがライト前ヒットで出塁すると、大谷の打席のワイルドピッチで二塁に進塁。1点差で勝っているホワイトソックスは、大谷との勝負を避けて四球を選択した。ホワイトソックスはこの選択が当たり、この回を無失点で凌《しの》いだ。

9回表に2点を奪われ、5対9のビハインドで迎えた9回裏の第5打席。マウンドにはケンドール・グレイブマン。2アウトからレフト前ヒットで出塁したトラウトを一塁に置き、勝負は始まった。

初球のスライダーを空振り、2球目のフォーシームを空振り、3球目のスライダーをファール、4球目のフォーシームが外れてカウントは1ボール2ストライク。続く5球目、

vsホワイトソックス
［エンゼル・スタジアム］

対戦投手	ケンドール・グレイブマン	飛距離	134m
打球速度	179km/h	打球角度	27度

6月29日の第29号は月間14本目でエンゼルス記録を更新する一打

グレイブマンが投じたスライダーが甘く入り、大谷は迷わずバットを振り抜いた。打球はグングンと左中間方向に飛び、左中間スタンドの「ボルケーノ（火山）」のモニュメントに着弾する第29号2ランホームランとなった。

この日の一本が6月14本目のホームランとなり、1996年6月にティム・サーモン、2015年6月にアルバート・プホルス、そして、2021年6月に大谷自身が記録したエンゼルスの月間最多ホームラン記録13本を超える新記録となった。

2023.06.30 **30号**

6月30日、本拠地エンゼル・スタジアムでのアリゾナ・ダイヤモンドバックス戦。2番指名打者でスタメン出場。相手先発はトミー・ヘンリー。

1回裏の第1打席は、明らかなボールが4球連続で続き四球。

3回裏の第2打席は、5球目のスライダーを打ち損じてファーストゴロに倒れる。

6回裏の第3打席。初球はインコースに外れたフォーシーム。ここまで無失点の好投を見せていたヘンリーが投じた2球目は、ど真ん中のスライダーだった。大谷はこの失投を見逃さず強振する。29度で舞い上がった打球はライトスタンドへ一直線。打球速度185キロのスピードで飛んでいき、地元放送局のカメラマンも着弾地点を見失うほどの超特大30号ソロホームランとなった。推定飛距離は驚愕《きょうがく》の150メートル。150メートルのホームランは大谷史上最長。そして、スタット・キャストが導入された2015年以降、エンゼルス最長記録となった。

この日の一本で6月は月間15ホームラン。6月に月間15ホームランを記録したのは、1930年のベーブ・ルース、1934年のボブ・ジョンソン、1961年のロジャー・マリス以来、アメリカン・リーグ史上4人目。

6月末日時点での30ホームランは、ベーブ・ルース、ケン・グリフィー・ジュニア、ク

vsダイヤモンドバックス

［エンゼル・スタジアム］

対戦投手	トミー・ヘンリー	飛距離	150m
打球速度	185km/h	打球角度	29度

リス・デービス以来、アメリカン・リーグ史上4人目。そして、6月末日時点で30ホームラン／10盗塁を記録したのは、1998年のサミー・ソーサ以来、史上2人目となった。3年連続30ホームランは、もちろん日本人選手史上初である。

6月は、打率3割9分4厘、15ホームラン、29打点で月間三冠王。現在、選手を評価する上で最も重要視されている出塁率と長打率を足したOPS。OPSが10割（1・000）を超えると殿堂入りクラスのスーパースターと評価されるが、6月の大谷のOPSは、脅威の1・444。この成績は、6月に限ると1936年にルー・ゲーリッグが記録した1・470に次ぐ記録となる。

投手大谷は6月に5先発、2勝2敗、防御率3・56、30回1／3を投げ、37奪三振。

三冠王やMVPなど、さまざまな打撃タイトルや個人タイトル獲得が現実のものとして見えてきた6月だった。

2023.07.02 31号

7月2日、本拠地エンゼル・スタジアムでのアリゾナ・ダイヤモンドバックス戦。

3番指名打者でスタメン出場。

相手投手は、ナショナル・リーグのサイ・ヤング賞候補ザック・ギャレン。

1回裏の第1打席は、初球、2球目のフォーシームをファール。3球目はアウトコースのフォーシームを見極めて、カウントは1ボール2ストライク。4球目の縦に大きく割れるナックルカーブを振らされて三振を喫した。

3回裏の第2打席。初球のカッターはボール、2球目はインコースのフォーシームをファール、3球目は高めのフォーシームを空振り。1ボール2ストライクで迎えた4球目は、アウトコース低めのフォーシームにバットが出ずに見逃し三振に倒れた。

6回裏の第3打席。1球目のフォーシーム、2球目のチェンジアップが外れて2ボール。3球目は真ん中のフォーシームだったが打ち損じてレフトフライに終わった。

8回裏の第4打席。マウンドにはこの回から2番手のカイル・ネルソン。

初球はフォーシームをファール、2球目はスライダーが外に大きく外れてボール、3球目は外のスライダーを空振りで1ボール2ストライクとなった。4球目も3球目と同じ外に逃げていくスライダーを投げようとしたネルソンだったが、スライダーが曲がらず真ん

vsダイヤモンドバックス

［エンゼル・スタジアム］

対戦投手	カイル・ネルソン	飛距離	138m
打球速度	186km/h	打球角度	28度

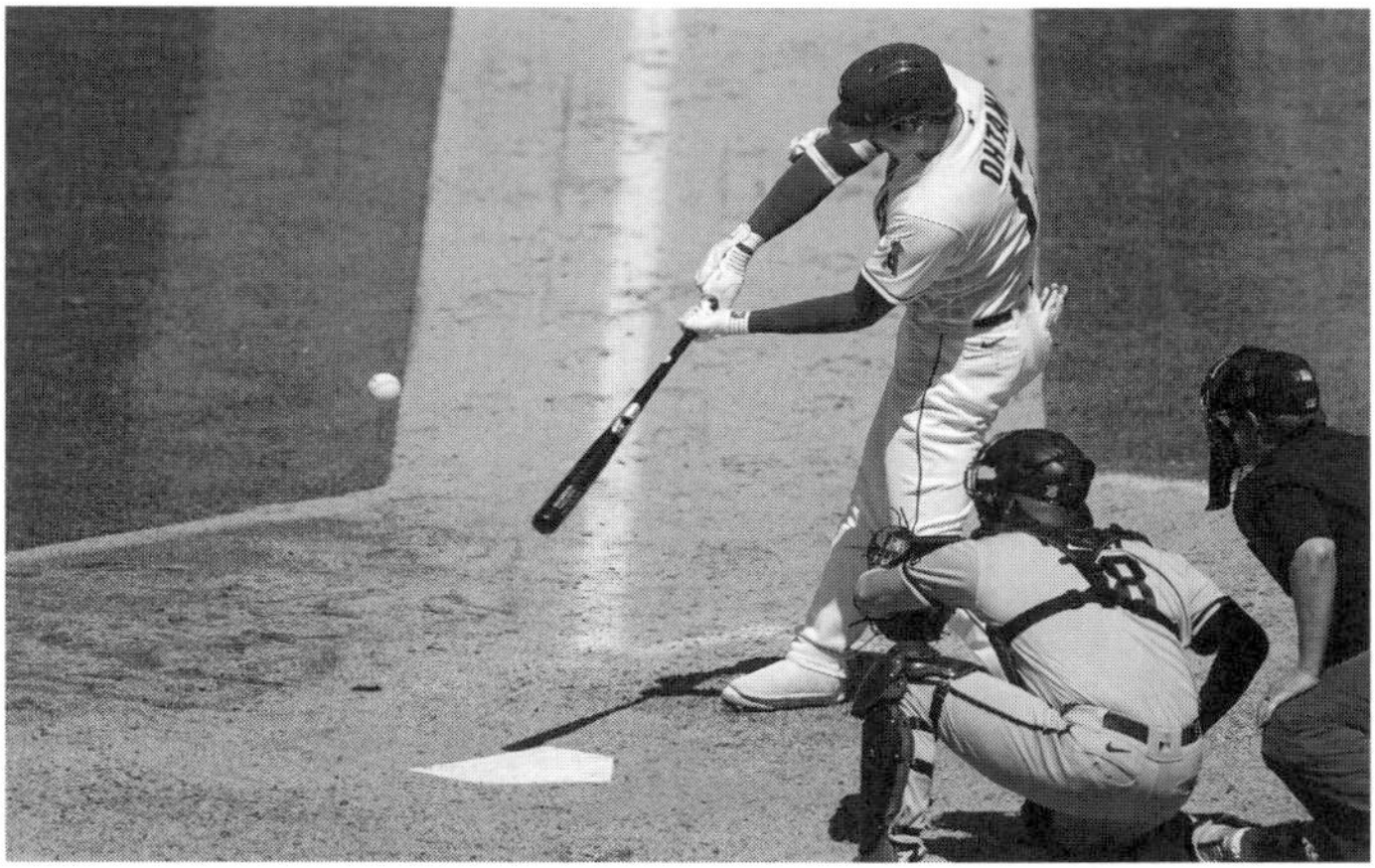

7月2日の第31号はライトスタンド中段に着弾する見事な一発

中へ。失投を見逃さない大谷はこれを強振。投げた瞬間からホームランになることを予見していたのか、ネルソンは打球方向を見ることすらしなかった。推定飛距離138メートルの第31号ソロホームランは、ライトスタンド中段に突き刺さる豪快な一打となった。

日頃から大谷が目を掛けている若手のモニアックは試合後、「彼と一緒に打撃練習をすると僕はまるで12歳の少年のように見えてしまう。大谷は特別な選手で、一緒にプレーして、最前列で彼のプレーを見ることができている。本当に特別なことだと思う」とコメントした。そして、この日は二刀流でのオールスター出場が正式に決定した日でもあった。

7月8日、敵地ドジャー・スタジアムでのロサンゼルス・ドジャース戦。

1番指名打者でスタメン出場。相手先発はブルペンデーでアレックス・ベシア。

1回表の第1打席は、初球のフォーシームを弾《はじ》き返してセンター前ヒットを記録。

3回表の第2打席。マウンドには2番手のマイケル・グローブ。初球のフォーシームは外れてボール、2球目のスライダーをファール。3球目のフォーシームを弾き返した打球は、右翼手のムーキー・ベッツが捕れずに三塁打となった。

6回表の第3打席は、2球目のカッターを打ち返したがセンターフライに終わった。

7回表の第4打席。初球のカッターをファールにした後、2球目のアウトコース低めのスライダーをうまくすくい上げると、打球は放物線を描きながらセンターバックスクリーン右側のスタンドに着弾する第32号2ランホームランとなった。意外にも、この一本がドジャー・スタジアム15試合目にして初めて記録したホームランだった。

9回表の第5打席。1アウト満塁で打席へ、ここで二塁打が出れば自身2度目のサイクル安打達成。マウンドには3番手のブライアン・ハドソン。初球のカッターに反応した大谷だが、結果はレフト犠牲フライ。2023年で6回目のサイクル安打達成未遂となった。

vsドジャース
［ドジャー・スタジアム］

対戦投手	マイケル・グローブ	飛距離	132m
打球速度	169km/h	打球角度	29度

前半戦最後の試合を終えて大谷は、3割0分2厘、32ホームラン、71打点を記録。

この日も敗れたチームは5連敗で借金1。このときすでにエンゼルスは、トラウト、レンドン、ウォード、ドゥルーリー、ウルシェラ、アデルが故障者リスト入りして野戦病院と化していた。

2023年、オールスターの開催地は、シアトル・マリナーズの本拠地Tモバイル・パークだった。二刀流を封印して2番指名打者でスタメン出場。

1回裏、大谷がゆっくりと第1打席に向かうと、4万7159人の観客から「カム・トゥー・シアトル（シアトルに来て）」の大合唱が巻き起こった。オールスターの舞台とはいえ、同一地区のライバルチームのスター選手に対して、加入を促すようなラブコールが起きるのは見たことのない光景だった。大谷は「経験したことはないです。もちろん、ファンの声援は聞こえていましたけど、打席は打席で集中していました」。

ホームランは出ず2打席で退いた大谷は「オールスターに出るくらいの素晴らしいピッチャーばかりなので、なおさら打つのは難しい。今後また選ばれたい気持ちもあるし、そこで（ホームランを）打ってみたい気持ちもある」とコメントした。

2023.07.15 **33号**

7月15日、本拠地エンゼル・スタジアムでのヒューストン・アストロズ戦。

2番指名打者でスタメン出場。相手先発はフランバー・バルデス。

1回裏の第1打席。初球は高めのシンカーをファール、2球目はカーブが外れてボール。3球目は低めのカッターを空振り、4球目はカーブが外れてボール。5球目はインコースに食い込んでくるチェンジアップを空振りで三振。

3回裏の第2打席。初球はピッチクロック違反でボール、2球目は真ん中低めにシンカーが決まりストライク。3球目のシンカーを打ち返したがセカンドゴロに倒れた。

5回裏の第3打席は、初球のチェンジアップを空振り、2球目のチェンジアップを空振り、3球目のチェンジアップをファール。続く4球目のカーブを空振りして三振に倒れた。

7回裏の第4打席。マウンドには2番手のライアン・スタネック。初球のカッターをファール、2球目のチェンジアップはインコースに外れてボール、3球目のスプリットを空振り、4球目はボールになるスプリットを振って空振り三振でこの日3三振。

ここまで大谷に当たりはないが、試合は乱打戦となり9回表終了時点で9対12。

9回裏の第5打席。マウンドにはクローザーのライアン・プレスリー。初球はアウトコース低めに決まるチェンジアップ、2球目はチェンジアップが外れてボール。

vsアストロズ
［エンゼル・スタジアム］

対戦投手	ライアン・プレスリー	飛距離	123m
打球速度	167km/h	打球角度	32度

7月15日の第33号はバックスクリーン左側に突き刺さる後半戦最初のホームラン

プレスリーが投じた3球目は、アウトコース高めのスライダー。強振した打球は32度の角度でセンター方向に高々と舞い上がり、そのままバックスクリーンの左側に着弾した。後半戦最初のホームランは、第33号ソロホームランとなった。

大谷のホームランで息を吹き返したエンゼルス打線は、その後、さらに2点を奪い12対12の同点で延長戦に突入した。

延長10回裏の第6打席。1アウト二塁から申告敬遠で出塁する。続くウォードがセカンドゴロを打ちダブルプレーかと思われたが、遊撃手のグレイ・ケッシンジャーが一塁へ悪送球。その間にトレイ・キャベッジが生還してエンゼルスがサヨナラ勝利を収めた。

2023.07.16 **34号**

7月16日、本拠地エンゼル・スタジアムでのヒューストン・アストロズ戦。

2番指名打者でスタメン出場。相手先発はクリスチャン・ハビアー。

1回裏の第1打席。2ボール2ストライクからの7球目、ハビアーのフォーシームをとらえたがショートライナーで凡退。

3回裏の第2打席。第1打席は高め一辺倒の攻めだったのに対し、2打席目は一転して低め一辺倒で攻められ、4球目の低めのスライダーを打たされてセカンドゴロに倒れた。

5回裏の第3打席。初球はボールになるチェンジアップを空振り、2球目はハビアーの代名詞、高めのフォーシームを打ち上げてセンターフライ。

7回裏の第4打席、マウンドにはジョエル・クーネル。2アウト二塁の場面で3球続けてチェンジアップが外れ、3ボール0ストライクとなったところで申告敬遠にて出塁。

9回裏の第5打席、マウンドにはフィル・メイトン。

メートンが投じた初球は、インコース高めのフォーシーム。すばやく反応した大谷はバットを振り抜き、打球はセンター方向へ伸びていく。前日の試合でプレスリーから放ったホームランとほぼ同じところに着弾する、2試合連続の第34号ソロホームランとなった。

前日は9回裏の大谷のホームランからの逆転劇となったが、この試合は8対9で惜しく

vsアストロズ
［エンゼル・スタジアム］

対戦投手	フィル・メイトン	飛距離	125m
打球速度	170km/h	打球角度	27度

7月16日の第34号は2試合連続で9回裏に放った

も敗戦。

試合後、アストロズの名将ダスティー・ベイカーは「昨日は9回裏に大谷にホームランを打たれて負けた。今日も9回裏に大谷がホームランを打った。今日は勘弁してくれと思った」と安堵《あんど》の言葉を残している。

2023.07.17 **35号**

7月17日、本拠地エンゼル・スタジアムでのニューヨーク・ヤンキース戦。2番指名打者でスタメン出場。相手先発はルイス・セベリーノ。

なお、大谷とホームラン王やMVP争いを演じてきた好敵手アーロン・ジャッジは、残念ながらヤンキースのスタメンには不在だった。

ジャッジは、6月3日のロサンゼルス・ドジャース戦で、守備の際にフェンスに激突し右足の親指を痛め故障者リスト入りした。故障時点でのホームラン数は19本だった。

7月28日に戦列に復帰して、29日に第20号ホームランを記録したジャッジはその後、ホームラン数で大谷を猛追することになる。

1回裏の第1打席は、初球のフォーシームをとらえてライト前ヒットで出塁。

3回裏の第2打席。初球はインコース低めにフォーシームが決まりストライク、2球目のアウトコース高めのチェンジアップをとらえた打球は左中間を抜ける二塁打となった。

5回裏の第3打席は、2アウト一、三塁で回ってきたが申告敬遠で出塁。

7回裏の第4打席は2アウト一塁の場面。スコアは1対3のビハインド。

vsヤンキース
［エンゼル・スタジアム］

対戦投手	マイケル・キング	飛距離	123m
打球速度	171km/h	打球角度	31度

マウンドにはマイケル・キング。初球はシンカーが外れてボール、2球目は真ん中低めのシンカーをファール、3球目は真ん中高めのフォーシームをファール。次の4球目、カウントに余裕があるため、捕手のホセ・トレビーノはアウトコースに外すフォーシームを要求した。しかし、キングの投じたフォーシームはストライクゾーンへ。大谷がボールをとらえた瞬間、ホームランを確信したトレビーノは大きなジェスチャーを見せて悔しがった。31度の角度で舞い上がった打球は、左右間スタンドの「ボルケーノ」に着弾する第35号の同点2ランホームランとなった。打った瞬間大谷は、ゆっくりと2歩進んでからバットフリップ。そして、一塁ベースを回った直後に雄叫《おたけ》びを上げながら弓引き型のガッツポーズを繰り返した。

9回裏の第5打席は先頭打者で三振を喫した。

大谷の同点弾で追いついたエンゼルスは延長10回にサヨナラ勝利。

この日の大谷は、２０２３年7度目のサイクル安打達成未遂となったが、2年ぶりとなる3試合連続ホームランを達成した。そして、ＭＬＢ公式ホームページによると大谷は、6月12日以降の28試合で、7回以降に12ホームランを記録しており、28試合の期間で7回以降に打ったホームランとしては、ＭＬＢ史上最多記録になった。

2023.07.23 36号

7月23日、本拠地エンゼル・スタジアムでのピッツバーグ・パイレーツ戦。

2番指名打者でスタメン出場。相手先発はミッチ・ケラー。

1回表に、ブライアン・レイノルズのホームランでパイレーツが先制した。

1回裏、大谷の第1打席。初球のカッターをファールにした後、3球連続ボールで3ボール1ストライクとなった。5球目のカッターを空振り、6球目のスイーパーをファール。

3ボール2ストライクで迎えた7球目、ケラーが投じたカッターをとらえた打球は、19度の角度で射出され、弾丸ライナーでセンター方向へ。打った大谷は全力で一塁に走り出した。

打球の最高到達点がわずか16メートルの低い打球は、対空時間4秒の速さでセンターフェンスを越えていく、第36号同点ホームランとなった。

その後の大谷は、三振、四球、三振という結果だった。

3試合連続ホームランから一転、前日まで14打席連続ノーヒットが続いていたが、復調の兆しとなる一発が生まれた試合となった。

なお、この時点での大谷のホームランは、シーズン58本ペースとなっていた。

vsパイレーツ
［エンゼル・スタジアム］

対戦投手	ミッチ・ケラー	飛距離	125m
打球速度	182km/h	打球角度	19度

7月23日の第36号は弾丸ライナーでセンターを越えた

7月27日、敵地コメリカ・パークでのデトロイト・タイガース戦。

3連戦の2試合目が雨天中止になったためにこの日はダブルヘッダーが組まれた。野球の神様が気まぐれで雨を降らせたのか、MLB史上類を見ない驚愕のダブルヘッダーが開演した。

第1試合、大谷は2番投手兼指名打者で出場する。

1回裏、投手大谷は、ザック・マッキンストリー、ライリー・グリーン、スペンサー・トーケルソンの上位3人をわずか9球で仕留めると、2〜4回も三者凡退で切り抜ける。

5回裏、先頭打者ケリー・カーペンターに3球目のフォーシームを打たれ、センター前ヒットを許す。しかし、次打者のマシュー・ビアーリングを5－4－3のダブルプレーに仕留め、ハビアー・バエズをキャッチャーファールフライで退けた。

6回裏、1アウトからザック・ショートにこの試合初めての四球を与えたが、続くエリック・ハースを5－4－3のダブルプレーに打ち取った。

7回裏、2アウトからスペンサー・トーケルソンに四球。次打者はこの試合で唯一、大谷からヒットを記録しているカーペンターだったが三球三振に仕留めた。

この時点で、5対0でエンゼルスがリード。継投策がよぎる中、8回裏も大谷は続投。

先頭打者のビアーリングに四球を選ばれたが、後続を打ち取った。

9回裏もマウンドへ。先頭打者のハースをセカンドライナー、マッキンストリーをフォーシームで三振に抑え2アウト。打席には次世代のスター候補生グリーン。3ボール1ストライクとなった5球目、157キロのフォーシームをとらえた打球はセンターフライとなった。モニアックが打球を捕球すると、大谷は捕手のチャド・ウォラックと軽く抱き合い、感情を表すことなくダグアウトに消えていった。試合の途中でネビン監督は大谷に投手交代を打診したが、ネビン監督いわく「大谷が続投を希望した。最後まで投げる、と」。

9回被安打1、与四球3、奪三振8、投球数111球――。

完璧《かんぺき》な内容で、投手大谷としてMLB初完投初完封を記録した。


第1試合が終了して45分後に開始された第2試合。観戦に訪れた3万2238人のファン、タイガースの選手、テレビを視聴していた世界中の野球ファン……、ほぼすべての人が大谷は欠場すると思っていたはずだが、大谷はいつも通りに2番指名打者でスタメン出場を果たした。出場しただけで偉業と称されてもおかしくないことだが、MLBの価値観や常識を次々と打ち破ってきた大谷はこの日、またしても人々の想像を軽々と超えていった。

2023.07.27 **37/38号**

1回表の第1打席。マウンドにはマット・マニング。
156キロを超えるフォーシームが3球続き三振を喫する。

2回表の第2打席。初球のスライダーをファールチップ、2球目のフォーシーム、3球目のカーブが外れて2ボール1ストライク。4球目のスライダー、5球目のフォーシーム、6球目のカーブを3球連続ファール。2ボール2ストライクからの7球目、アウトコースに外す予定だったフォーシームがストライクゾーンに入り、大谷は強振。振り抜いたバットから放たれた打球は25度の角度でレフト方向へ舞い上がり、フェンスを越えて着弾。第37号2ランホームランとなった。初完封を記録してから約80分後に記録された一打だった。

4回表の第3打席。初球のフォーシーム、2球目のフォーシームが外れて2ボール0ストライク。3球目はスライダーが決まりストライク、4球目はカーブがインコースに大きく外れてボール。3ボール1ストライクからの5球目、マニングが投じた152・6キロのフォーシームはど真ん中へ。失投を見逃さず強振した打球は、22度の角度で打ち上がり、バックスクリーンの右側へ。推定飛距離133メートルの特大第38号ソロホームランとなった。しかし、フルスイングをして一塁方向に走り出そうとした瞬間、大谷は左脇腹から腰に手を置き、苦悶《くもん》の表情を浮かべた。

vsタイガース
［コメリカ・パーク］

対戦投手	マット・マニング	飛距離	117m
打球速度	173km/h	打球角度	25度

対戦投手	マット・マニング	飛距離	133m
打球速度	188km/h	打球角度	22度

次の打席で大谷は代打を送られ交代した。

大谷の、大谷による、大谷のためのダブルヘッダーは、予想だにしない展開で幕を閉じたのだった。試合後、エンゼルスからは「左腰付近の痙攣《けいれん》」と発表された。

大谷の驚愕のパフォーマンスを見届けたタイガースのA・J・ヒンチ監督は「大谷は両方の試合の主役だった」。投手大谷と打者大谷、どちらに感銘を受けたか聞かれたヒンチは「選ぶ必要がない、大谷は両方で最高だった」と絶賛した。大谷にホームランを献上したマニングは「大谷は、誰もが見てきた中で最高の一日を過ごした。本当にすごかった。敬遠をせずに勝負に行った自分自身を誇りに思う」と話した。

また、8月1日のトレードデッドラインが迫る中、大谷のトレードの噂が日々、大きくなっていたが、ミナシアンGMが大谷のトレードを完全否定。大谷本人は「最初からエンゼルスの一員として最後までプレーすることが私の計画でした。昨年までは売り手だったが、今季はミナシアンが勝つために選手を補強している。私たち選手は自分たちの仕事をしなければいけない」とコメントした。

2023.07.28 **39号**

7月28日、敵地ロジャース・センターでのトロント・ブルージェイズ戦。

前日のタイガース戦後にネビン監督は「大谷の故障は大丈夫。おそらく明日のトロント戦には出場できる」とコメントしていたが、その言葉通りに大谷は、2番指名打者でスタメン出場を果たした。相手先発はサイ・ヤング賞候補のケビン・ガウスマン。

1回表の第1打席。捕手ダニー・ジャンセンは高めのボール球を要求したが、ガウスマンが投じた初球は、フォーシームが真ん中へ。失投を見逃さず振り抜いたバットがボールをとらえ、角度28度で舞い上がった打球は、ライトスタンド中段に突き刺さる第39号ソロホームランとなった。

前日のタイガース戦から自身初となる3打席連続ホームランを記録。

3回表の第2打席。6球すべて、伝家の宝刀スプリットを投げたガウスマンに三振を喫する。

6回表の第3打席。初球のスプリットが外れボール、2球目は真ん中のフォーシームを見逃し、3球目はスプリットをファール、4球目はアウトコースのスプリット。見送ればボールだったがうまく拾ってレフト前ヒットとなった。

8回表の第4打席。マウンドには3番手のティム・メイザ。3ボール2ストライクから

vsブルージェイズ
［ロジャース・センター］

対戦投手	ケビン・ガウスマン	飛距離	121m
打球速度	167km/h	打球角度	28度

7月28日の第39号は自身初の3打席連続ホームラン

の7球目、真ん中のシンカーを打ち損じてショートゴロに打ち取られた。

7月は、打率2割8分2厘、9ホームラン、14打点、1盗塁。

投げては4先発、2勝2敗、防御率4・97、25回1/3を投げ、29奪三振。

孤軍奮闘の活躍が連日続く中、指の爪が割れる、ブリスター（まめ）が潰《つぶ》れる、両脚が痙攣するなど……少しずつ体が悲鳴を上げていっていた。

8月3日、本拠地エンゼル・スタジアムでのシアトル・マリナーズ戦。2番投手兼指名打者でスタメン出場。相手先発はブライアン・ウー。

1回表、投手大谷は、先頭のJ・P・クロフォードにライト前ヒット、2番フリオ・ロドリゲスにエラーで出塁を許すも、ここから後続3人を打ち取って無失点に抑えた。

1回裏、打者大谷の第1打席。初球のカッターを弾き返してライト前ヒット。

2回表、投手大谷は、2者連続三振を奪った後にケイド・マーロウにレフト前ヒットを許すも、盗塁失敗で無失点。

3回表、投手大谷は、1アウトからクロフォードを四球で出塁させたが後続を抑えて無失点。

4回表は、先頭のカル・ローリーがサード内野安打で出塁するも、続くタイ・フランスを5－4－3のダブルプレーで2アウトを取り、その後、ドミニク・カンゾーネをライトフライに打ち取り無失点で切り抜ける。

4回裏、打者大谷の第2打席。初球ストライクの後、4球続けてボールとなり四球で出塁した。

5回表のマウンドには、大谷に代わりホセ・ソリアーノが登板。降板の理由は右手中指

vsマリナーズ
［エンゼル・スタジアム］

対戦投手	アイザイア・キャンベル	飛距離	119m
打球速度	172km/h	打球角度	23度

の痙攣だった。打者としての出場は継続している。

6回裏、打者大谷の第3打席は2アウト走者なしの場面だったが、3ボール0ストライクになったところで申告敬遠となった。出塁した大谷はシーズン14個目の盗塁を記録し、続くC・J・クロンのセンター前ヒットでホームに生還している。

8回裏の第4打席。マウンドには3番手のアイザイア・キャンベル。

初球はアウトコースのスイーパーを見逃してストライク、2球目はスライダーが外れてボール。3球目は外のスライダーをファール、4球目は真ん中のフォーシームをファール、5球目はスライダーが外れてボール。2ボール2ストライクからの6球目、インコースよりのフォーシームを強振。23度の角度で放たれた打球は低い弾道のまま、ライトスタンド最前列に飛び込む第40号ソロホームランとなった。

大谷のホームランで3対1とエンゼルスがリードも、9回表のマウンドに上がった守護神エステベスが1アウト満塁のピンチを招く。続く打者は、7月20日にメジャーデビューしたばかりのケイド・マーロウ。マーロウが振り抜いた打球は、エンゼルスファンで埋まるライトスタンドへ。メジャー通算2本目の本塁打は、自身初のグランドスラムとなった。

この日の手痛い敗戦でエンゼルスは奈落《ならく》の底へ、吸い込まれるように落ちていった。

8月9日、本拠地エンゼル・スタジアムでのサンフランシスコ・ジャイアンツ戦。2番投手兼指名打者でスタメン出場。

ホームランは出なかったものの、投手大谷が6回1失点の好投で10勝目を記録。MLB史上初となる2年連続2桁《けた》勝利2桁本塁打に加えて、こちらも史上初となる10勝+40本塁打の偉業を達成した。大谷は自身の記録よりも「ポストシーズン進出の可能性が高くないことは知っているが、可能性がなくなるまで、すべての試合で最善を尽くして、勝利するためにプレーをする」とコメントした。

8月13日、敵地ミニッツメイド・パークでのヒューストン・アストロズ戦。2番指名打者でスタメン出場。相手先発はホゼ・ウルキディ。

大谷は、この日まで今季ワーストとなる8試合連続ホームランなし。そして、右腕疲労の影響により、16日の次回先発予定をキャンセルすることが発表された。

1回裏の第1打席。3ボール2ストライクからの6球目、アウトコース高めのフォーシームを強引に振りにいきセカンドゴロに倒れる。

vsアストロズ
［ミニッツメイド・パーク］

対戦投手	パーカー・ムシンスキー	飛距離	137m
打球速度	177km/h	打球角度	28度

3回表の第2打席。2ボール2ストライクからの5球目、アウトコースのチェンジアップにタイミングが合わず三振。

6回表の第3打席。マウンドには2番手のパーカー・ムシンスキー。

初球はカッターがアウトコース高めに外れてボール、2球目、捕手のマーティン・マルドナードはアウトコース低めにスライダーを要求したが、ムシンスキーのスライダーは真ん中高めへ。失投を見逃さずにとらえた打球は28度の角度で舞い上がり、センター方向へグングンと伸びていく。第41号ソロホームランは、バックスクリーン直撃、推定飛距離137メートルの特大弾となった。

9回表の最終打席は、8球粘った末に四球で出塁した。

この日は、大谷のソロホームランが空砲にならずに2対1でエンゼルスが勝利。

大谷のホームランは8月3日以来、9試合ぶりの一発となった。

試合後、次回登板の回避について聞かれたネビン監督は「何度も言ったように、大谷は自分の体の状態を誰よりも知っている。大谷は私に痛みも怪我もないと保証した。大谷はピッチャーなら誰でも経験する腕の疲労感だと言っている。私は大谷を信頼している」と話した。

8月16日、敵地グローブライフ・フィールドでのテキサス・レンジャーズ戦。2番指名打者でスタメン出場。相手先発はジョン・グレイ。

1回表の第1打席。アウトコース低めにチェンジアップが外れてボール。グレイが投じた2球目は、高めに外すフォーシームのつり球だったが、大谷は強振。あまりに強いスイングにヘルメットがずり落ちた。打球は32度の角度で高々と舞い上がり、センター方向へ。ボールはバックスクリーン左横にある自軍のブルペンに着弾した。推定飛距離133メートルの第42号先制ホームラン。

大谷は、ヘルメットなしで髪の毛をなびかせながら、颯爽《さっそう》とダイヤモンドを一周した。

3回表の第2打席。1ボール1ストライクから3球連続ファールで粘り、6球目のアウトコースに大きく外れるフォーシームにバットを合わせて三塁内野安打。

5回表の第3打席。初球はチェンジアップがアウトコース低めに外れてボール、2球目も同じコースに同じ球種が外れてボール、3球目はスライダーが決まりストライク。4球目のアウトコース高め、ボール気味のチェンジアップを打たされてレフトフライに倒れる。

8回表の第4打席、マウンドには剛腕アロルディス・チャップマン。初球は162・7キロのシンカーをファール、2球目は162・9キロのシンカーがインコースに外れてボ

vsレンジャーズ
［グローブライフ・フィールド］

対戦投手	ジョン・グレイ	飛距離	133m
打球速度	175km/h	打球角度	32度

8月16日の第42号はヘルメットが飛ぶほどの激しいスイングで放った一撃

ール。3球目は143・6キロのスライダーを空振り、4球目は165・9キロのシンカーがインコースへ。チャンプマンが完全に打ち取った打球だったが、結果はショート内野安打となった。

試合後、大谷にホームランを献上したグレイは「自分が狙った場所に投げることができたが、それをホームランにした大谷は、種類も次元も違う選手だ」と脱帽した。

2023.08.18 **43号**

8月18日、本拠地エンゼル・スタジアムでのタンパベイ・レイズ戦。2番指名打者でスタメン出場。相手先発はエラスモ・ラミレス。

1回裏の第1打席。初球はチェンジアップが外れてボール、2球目はカッターが決まってストライク。3球目のアウトコースのチェンジアップを打たされるが、スピードを活かして一塁内野安打で出塁した。

2回裏の第2打席は2アウト満塁で打席へ向かった。初球のカッターがインコース低めに外れてボール。ラミレスが投じた2球目はインコース高めのカッター。振り抜いたバットから放たれた打球は、28度の角度で高々と舞い上がる。この瞬間、打たれたラミレスは最悪の結果を予期してマウンドにしゃがみ込んだ。打球はそのままライトポール付近に着弾する第43号満塁ホームランとなった。満塁ホームランは2023年初。キャリアでも2022年5月9日のレイズ戦以来となる通算2本目となった。

5回裏の第3打席。マウンドには2番手のショーン・アムストロング。2ボール2ストライクからの5球目、アウトコースに逃げていく155・5キロのシンカーで空振り三振。

7回裏の第4打席。マウンドには4番手のジェイソン・アダム。初球はスイーパーが外れてボール、2球目は真ん中のチェンジアップをファール。3球目は真ん中のスイーパー

vsレイズ
［エンゼル・スタジアム］

対戦投手	エラスモ・ラミレス	飛距離	119m
打球速度	164km/h	打球角度	28度

をファール、4球目はアウトコースに外れるチェンジアップで空振り三振を喫した。

6対6の同点で迎えた9回裏の第5打席。1アウト一、二塁、サヨナラ勝利のチャンス。スタンドを埋めた3万8297人のファンは総立ちで打席の大谷に声援を送る。マウンドにはこの回から6番手のピート・フェアバンクス。初球はアウトコースのスライダーが外れてボール、2球目は高めのスライダーが決まりストライク。3球目は低めのスライダーを空振り、4球目は低めのスライダーをファール。フェアバンクスが投じた5球目は、3球目と同じ軌道のスライダー。バットを出したが空振り三振に終わった。大谷のサヨナラ打を期待していたファンからは大きなため息が漏れた。

延長10回表、9回から続投のクローザー、エステベスが捕まり3失点で勝負が決まった。大谷に満塁ホームランを打たれ、9回表の攻撃でトリプルプレーを決められたレイズ。同一試合で満塁ホームランを被弾し、トリプルプレーを決められても勝利したチームは、1979年9月7日にトロント・ブルージェイズを相手に、クリーブランド・インディアンス（現ガーディアンズ）が勝利して以来、今回のレイズがMLB史上2チーム目。

試合後、レイズのケビン・キャッシュ監督は「大谷に満塁ホームランを打たれ、うちのチームが勝利すると思った人は皆無だったと思うが、我々は最後まで諦《あきら》めない」と話した。

2023.08.23 **44号**

8月23日、本拠地エンゼル・スタジアムでのシンシナティ・レッズとのダブルヘッダー。第1試合、2番投手兼指名打者でスタメン出場。相手先発はアンドリュー・アボット。

1回表、投手大谷は、1番T・J・フリードルをセカンドゴロ、2番マット・マクレインを空振り三振、3番エリー・デラクルーズを空振り三振で三者凡退。初回の最速はマクレインに投じた4球目の151・9キロのフォーシームだった。

1回裏、打者大谷の第1打席。初球の真ん中に来た149・5キロのフォーシームを強振。20度の角度で射出された打球は、186キロのスピードで右中間スタンド中段に突き刺さる第44号先制2ランホームランとなった。登板試合では7本目のホームラン。

2回表、投手大谷は、先頭のスペンサー・スティアーに四球を与える。続く打者はレッズが誇るスーパースターのジョーイ・ボットーだったが、初球のスイーパーでショートフライに打ち取った。

6番のクリスチャン・エンカーナシオン＝ストランドが打席に入ると、エンゼルスのダグアウトからネビン監督がトレーナーを伴ってマウンドへ。短い会話の後、ネビン監督は、エドウィン・モスコソ球審に投手交代を告げた。この時点では右腕疲労の影響で交代したと伝えられていた。

vsレッズ
［エンゼル・スタジアム］

対戦投手	アンドリュー・アボット	飛距離	135m
打球速度	186km/h	打球角度	20度

3回裏の第2打席で代打が送られ、大谷は打者としても退いた。

試合後、レッズのスティアーは「大谷は素晴らしい選手で今日の対戦を心待ちにしていました。大谷の故障が深刻ではないことを願っています。私自身も野球ファンなので、一日でも早い大谷の回復を期待しています」と語った。

この日、大谷のフォーシームの平均球速は149・1キロだった。シーズン平均は154・9キロなので約6キロも遅く、スイーパー、スプリット、カーブ、カッターと、この日投じた変化球もすべてシーズン平均球速を下回っていた。

その後、右腕疲労ではなく、右肘靱帯損傷《みぎひじじんたい》であることが判明したが、周囲の心配をよそに、大谷はダブルヘッダーの第2試合に2番指名打者で出場。5打数1安打を記録した。

その後も、敵地でのニューヨーク・メッツ戦、フィラデルフィア・フィリーズ戦に指名打者で出場を続けた。

9月3日、敵地オークランド・コロシアムでのオークランド・アスレチックス戦。2番指名打者でスタメン出場した大谷は、5回表にシーズン20盗塁目を記録。2021年以来、自身2度目となる40本塁打／20盗塁に到達した。

この記録をエンゼルスで達成した選手は、大谷ただ1人。

そして、40本塁打／20盗塁を複数回達成したのは、アレックス・ロドリゲス4回、バリー・ボンズ3回、ホセ・カンセコ3回、ハンク・アーロン2回、ジェフ・バグウェル2回、ケン・グリフィー・ジュニア2回、ショーン・グリーン2回に続く、MLB史上8人目の快挙となった。

9月4日、本拠地エンゼル・スタジアムでのボルチモア・オリオールズ戦。

試合前に大谷の代理人ネズ・バレロが右肘の故障について緊急の囲み取材を行った。

フィールドでは、試合前に久しぶりに大谷が野外で打撃練習を行い、超特大のホームランを連発。この日も2番指名打者でのスタメン出場が発表済み。スタンドに詰めかけたファンは、大谷の45号、46号、47号を期待し、滅多に見ることができない大谷の野外での打撃練習に注目していた。

しかし、悪夢は突然訪れた。打撃練習中に異変を感じた大谷は、バットを振り抜くのを途中で止め、苦悶の表情を浮かべながらダグアウトの中へ消えていった。

試合開始直前、右脇腹の痛みで大谷の欠場が決定。

この瞬間、大谷の2023年シーズンは終了した。

シーズンを1ヵ月ほど残した状態での戦線離脱となったが、テキサス・レンジャーズのアドリス・ガルシア（39本）、シカゴ・ホワイトソックスのルイス・ロベルト・ジュニア（38本）、ニューヨーク・ヤンキースのアーロン・ジャッジ（37本）らを抑え、44本を打った大谷翔平がアメリカン・リーグのホームラン王に輝いた。

第3章

ホームランの歴史と価値

野球の華・ホームランの歴史

大きな放物線を描いてスタンドに突き刺さる大谷翔平のホームランは、世界中の野球ファンを驚かせ、そして、魅了している。初期の時代には、あのベーブ・ルースが放つホームランも大谷と同様に野球ファンを熱狂させ続けた。

過去も現在も野球の「華」と称されるホームランだが、そもそも「ホームラン」とは、いつ、どこで誕生したのか。起源に関しては諸説あるため、アメリカ国内で有力視されている説をもとに野球とホームランの歴史を紹介していく。

野球のルールはどのように作られた？

まず、1800年代にアイルランドやイギリスで行われていた「ラウンダーズ」や「ストールボール」などと称されていたゲームが、ベースボールの原型と言われている。靴下などに小石を詰めた物を下手投げで投じて、ボートのオールのような木で打ち返し、目印として4ケ所に設置された石や杭《くい》などを目指して走る。このようなゲームがヨーロッパからの移民の手によって1800年代中期頃には北米大陸に伝えられ、名称も「タウンボール」に変化していった。

当時は統一されたルールは存在しておらず、地域によってバラバラの状態だった。この頃、「現代野球の父」と称されるアレクサンダー・ジョイ・カートライトが、1820年4月17日にニューヨークで誕生。銀行の事務員を経て、ウォール街で本屋を営んでいたカートライトは、ボランティアでマンハッタン地区の消防団に所属していた。団員達の運動不足解消のために「タウンボール」を楽しむ同好会を1845年9月23日に設立したカートライトは、「ニッカーボッカー・ベースボール・クラブ」と命名。この当時も「タウンボール」に統一したルールはなく、試合ごとにルールを決める必要があったが、カートライトが統一ルールを定めることを提案して文書化。この時に制定されたルールは通称「ニッカーボッカー・ルール」と呼ばれ、ルールが統一されていく大きな転機となった。

この時に制定された20条まであるルールをいくつか紹介すると、

「ベースは4つ、二塁と本塁間、一塁と三塁間は共に42ペース（約38・4メートル）」

「3つのアウトで攻守交代」

「上手投げの禁止」

「一塁線、三塁線の外側に飛んだ打球はファールとする」

「走者がボールに触れたらアウト。しかし、野手が走者にボールをぶつけることは禁止」

など、現在のルールブックに大きな影響を残していることが窺《うかが》える。

一方で、

「21点先取したチームが勝利」

「ファールはストライクにならない」

「ワンバウンド捕球はアウト」

「ボールはカウントされない」

など、現在のルールブックからは消えたものも存在する。
1846年6月19日、ニュージャージー州ホーボーケンにあるエリシアンフィールドで行われた、ニッカーボッカー・ベースボール・クラブ対ニューヨーク・ナイン戦が初めて「ニッカーボッカー・ルール」で行われ、公式に記録された最初の野球の試合とされている。この試合では、カートライトが主審を務め、23対1でナインが勝利した記録が残されている。

現在も受け継がれるルールブックの原案、原点を作り上げたカートライトは、その功績を讃《たた》えられ「現代野球の父」として1938年にアメリカの野球殿堂入りを果たした。しかし、その後、野球歴史研究家などの調査で、1845年にすでに「ニッカーボッカー・ルール」で行われ、公式記録が残された試合が2試合存在することや、統一ルールは「ニッカーボッカー・ベースボール・クラブ」の創設メンバーで副会長を務めていたウィリアム・ウィートンと事務局長のウィリアム・タッカーが主導して作成され、書店を営んでいたカートライトは、2人が考案したルールを印刷したに過ぎないなどの考察も存在する。

２０１１年以来、ＭＬＢ公式歴史家を務めている76歳のジョン・ソーン氏は、２０１３年7月15日に発売された『ベースボール・ファウンダース』という書籍の中でインタビューに答え、「ウィートン、タッカー、そして、ドク・アダムス、ルイス・ワーズワースの4人も現代野球の父であり、カートライト同様に殿堂入りに値する」と答えている。

ここで登場したドク・アダムスは、ニッカーボッカーの選手兼球団幹部を務めた医師。当時、内野手はベース付近を守る3人体制だったが、外野からの返球を効率的に処理するために遊撃手のポジションを生み出した人物である。そして、品質の高いボールほど打っても投げても遠くに運ぶことができることを発見したアダムスは、ボール製造会社を起業して、ニューヨーク州内のチームにボールを販売していた。

ルイス・ワーズワースは、当時最高の一塁手と称される名選手。ジョン・ソーン氏は「他チームからニッカーボッカーに高額な給料を約束されて移籍してきた。その観点から彼が史上初めてのプロ野球選手と呼べるだろう」と語っている。そして、ワーズワースのもう一つの功績は、古き良き時代から変わることのないボールパークのレイアウトを考案したことといわれている。

ホームランの誕生

諸説ある中だが、一例として紹介した野球誕生の時系列の中に、ホームランに関する史実は残っていなかった。では、ホームランはどのように誕生したのか。

現在のホームランの定義は、

「打者が打った打球が地面あるいは野手以外のものに触れることなく、両翼のファールラインとフェンスの交差地点の間を通過してフィールドの外に出た場合」

とされている。

この他にも、

「外野手のグラブに当たった後にフェンスを越える」

「インサイド・ザ・パーク・ホームラン（ランニングホームラン）」

など、様々な定義が存在する。

しかし、野球のルールが統一化されていく時代には、ホームランの定義に欠かすことができない外野フェンスが存在していなかった。外野フェンスが初めて設置された球場とされているのが、1862年5月15日に最初の試合が行われたユニオン・グラウンズである。

ニューヨーク州ブルックリンのウィリアムズバーグ地区に開場したユニオン・グラウンズは、冬場はスケートリンクとして使用され、夏場に野球場として使用されていた施設である。右翼フェンスまでは90メートル。フェンス後方には数百人を収容できる木製の小屋があり、当時としては珍しく有料の席として販売されていた。

史上初めてホームランを放った選手としてMLB公式記録に名前が残されているのは、1876年5月2日のシンシナティ・レッドストッキングス（現レッズ）戦で、シカゴ・ホワイトストッキングス（現カブス）の内野手ロス・バーンズが、ウィリアム・フィッシャーから記録したホームランである。なお、アメリカ野球の歴史を専門とする「BASEBALLLIBRARY.com」には、バーンズが記録したホームランは、インサイド・ザ・パーク・ホームランと記録されているが、当時の試合を伝えるシカゴの大手新聞社シカゴ・トリビューン紙の記事では、「2アウトからバーンズは、この試合で最高の打球を左翼席後方の馬車に届けた。クリーンホームランを打った」と掲載した。そして、2020年5月3日には、MLB公式ホームページでマット・モナガン記者が「144年前、ホームランが誕生」のタイトルで、バーンズのホームランについて記事を書いている。

記事の最後にモナガンは、

「映像や生き証人がいないので、バーンズがド派手なバットフリップをしたのか、それともベースを一周してからチームメイトと抱き合って喜んだかはわかりません。今はただ想像してみることしかできません」

と綴《つづ》っていた。

この時代は、放物線を描きながらフェンスを高々と越えていくホームランがまだ存在せず、ホームランとは、外野手の間をボールが抜け、打った選手が全速力で塁間を走り抜ける時代だった。バーンズのホームランが記録されたシンシナティの本拠地アベニュー・グラウンズは、収容人数が4000人とされているが、この日にどれだけの観客動員があったのかは記録に残されていない。公式記録として残る史上初のホームランを見届けたファンは、果たして何を思い、何を感じたのだろうか。

外野フェンスができる前に制定、改良されてきた統一ルールでも、創成期はホームランに関する明確な記述はない。ルールブックにホームランに関する記述が掲載されたのは、1888年に、

「外野フェンスまでの距離が210フィート（約64メートル）の球場で、打球がフェンスを越えた場合はグラウンドルール・ダブル（エンタイトル・ツーベース）とする」

というものだった。

その後、1892年に距離が235フィート（約71・6メートル）、1926年に250フィート（約76・2メートル）に延長された。しかし、すでにベーブ・ルースが活躍していた1926年当時は、ほぼ全てのボールパークで外野フェンスまでの距離が250フィート以上あったため、フェンスを越えた打球がグラウンドルール・ダブル扱いになること

はなかった。すなわち、ホームランの誕生である。

現在に続く統一ルールが誕生して、ボールパークの原風景がうっすらと浮かび上がり、近代野球の夜明け前の時代、ホームランは小さな小さな産声を上げたのだ。

MLB30球団それぞれの歴代ホームラン記録

通算ホームラン、シーズン最多ホームラン、通算満塁ホームラン、ワールドシリーズ通算ホームラン、ポストシーズン通算ホームラン、新人最多ホームランなど、ホームランに関する記録は数多く存在する。

そんな記録の中から、まず最初に、ＭＬＢに現存する30球団の通算最多ホームラン記録を保持している選手たちを紹介していきたい。

ニューヨーク・ヤンキース　ベーブ・ルース　659本
ボストン・レッドソックス　テッド・ウィリアムス　521本

トロント・ブルージェイズ　カルロス・デルガド　336本

ニューヨーク・ヤンキースで通算ホームランが一番多いのは、言わずと知れたベーブ・ルース。ルースはピンストライプをまとい通算659本のホームランを記録した。ルースのホームランについては、拙著『大谷翔平とベーブ・ルース　2人の偉業とメジャーの変遷』（角川新書）をはじめ、これまで沢山の文献で紹介されてきたし、第4章でも詳述するので、そちらをぜひ読んでいただきたい。

ボストン・レッドソックスの記録は、1941年に打率4割0分6厘を記録した最後の4割バッター、テッド・ウィリアムスの521本。

1939年4月23日、本拠地フェンウェイ・パークでのフィラデルフィア・アスレチックス（現オークランド・アスレチックス）戦に6番右翼手でスタメン出場したウィリアムスは、初回に巡ってきた第1打席でバド・トーマス投手から記念すべきメジャー第1号ホームランを記録した。この年、ウィリアムスは新人ながら145打点を記録して打点王を獲得。

1960年9月28日、本拠地フェンウェイ・パークでのボルチモア・オリオールズ戦。3番左翼手でスタメン出場したウィリアムスは、8回裏に迎えた第4打席、ジャック・フィッシャー投手からセンター後方に特大のソロホームランを記録。この打席が「打撃の神様」と称された天才打者の現役最後の打席となった。1966年に殿堂入りを果たし、1984年に背番号9は永久欠番となった。

1977年に創設されたトロント・ブルージェイズの通算ホームラン記録保持者は、336本のカルロス・デルガド。

1993年にメジャーデビューを果たしたデルガドは、1994年4月4日、本拠地スカイ・ドーム（現ロジャース・センター）でのシカゴ・ホワイトソックス戦に6番左翼手でスタメン出場。8回裏に回ってきた第4打席でデニス・クックからメジャー1号ホームランを記録した。

2003年9月25日、本拠地スカイドームでのタンパベイ・デビルレイズ（現レイズ）戦。4番一塁手でスタメン出場したデルガドは、初回にホルヘ・ソーサから通算300号となるホームランを記録。その後、4回裏に再びソーサから、6回裏にジョー・ケネディーから、8回裏にランス・カーターから、それぞれホームランを記録。メジャー史上15人目となる1試合4ホームランの快挙を達成した。この年は145打点で自身唯一の個人タイトルとなる打点王を獲得。

2004年9月30日、敵地カムデン・ヤーズでのボルチモア・オリオールズ戦。4番一塁手でスタメン出場したデルガドは、2回表にマット・ライリーから右中間スタンドにホームランを記録。この一本がブルージェイズで記録した最後のホームランとなった。その後、移籍したフロリダ（現マイアミ）・マーリンズで2005年、メジャー史上4人目となる両リーグでシーズン3割、30本、100打点を記録している。

ボルチモア・オリオールズ　カル・リプケン・ジュニア　431本
タンパベイ・レイズ　エバン・ロンゴリア　261本
ミネソタ・ツインズ　ハーモン・キルブルー　559本

ボルチモア・オリオールズの記録は、2632試合連続出場を誇る「アイアンマン」カル・リプケン・ジュニアの431本である。

１９８１年８月10日、本拠地メモリアル・スタジアムでのカンザスシティ・ロイヤルズ戦で、延長12回裏にケン・シングルトンの代走でメジャーデビューを果たす。翌１９８２年４月５日、本拠地メモリアル・スタジアムでのカンザスシティ・ロイヤルズ戦で、６番三塁手としてスタメン出場。２回裏に回ってきた第１打席でデニス・レオナードからホームランを記録した。この日は開幕戦だったため、シーズン初打席でキャリア初ホームランとなった。

２００１年９月23日、本拠地カムデン・ヤーズでのニューヨーク・ヤンキース戦で、５番三塁手でスタメン出場したリプケンは、５回裏にオーランド・ヘルナンデスから現役最後のホームランを記録。リプケンの連続試合出場は、１９８２年５月30日、本拠地メモリアル・スタジアムでのトロント・ブルージェイズ戦から始まり、１９９８年９月20日、本拠地カムデン・ヤーズでのシーズン最後の試合となったニューヨーク・ヤンキース戦に欠場して終演を迎えた。試合前の自らの申し出により試合欠場が決定。その間に８２４３イニング連続出場、９０３試合連続フルイニング出場など、様々なメジャー記録を更新した。21年間の現役生活でリプケンは、アメリカン・リーグのみの出場選手としてはメジャー史上２人目となる通算３０００本安打、４００本塁打を記録。記憶にも、記録にも名を残す名選手となった。２００１年9月9日、正式な引退前に背番号8は永久欠番となり、２００７年に殿堂入りを果たしている。

１９９８年に誕生したタンパベイ・レイズの記録は、エバン・ロンゴリアの２６１本。２００６年のドラフトで1位指名、全体でも3番目に名前を呼ばれる高評価を受けてプロ入りを果たした。

２００８年4月12日、本拠地トロピカーナ・フィールドでのボルチモア・オリオールズ戦で、６番三塁手としてメジャーデビュー。デビューから3試合目となった4月14日、本拠地でのヤンキース戦に5番三塁手でスタメン出場したロンゴリアは、７回裏、前を打つ4番B・J・アップトンがセンター後方に豪快なホームランを記録。その直後の打席で、ブライアン・ブルーニから2者連続となるメジャー初ホームランを記録した。ちなみにこの試合には、ヤンキースの松井秀喜が5番指名打者、レイズの岩村明憲が１番二塁手でともにスタメン出場をしていた。

２０１７年9月29日、本拠地でのボルチモア・オリオールズ戦。3番指名打者でスタメン出場したロンゴリアは、５回裏にウェイド・マイリーからレフトポール際にホームランを記録。この一本がレイズで記録した最後のホームランとなった。

第1次ワシントン・セネターズを経て1961年に創設されたミネソタ・ツインズの記録は、セネターズでもプレーしたハーモン・キルブルーの559本。

1955年6月24日、セネターズの本拠地グリフィス・スタジアムでのデトロイト・タイガース戦。7番三塁手でスタメン出場したキルブルーは、5回裏にビリー・ヘフトからメジャー初ホームランを記録。1959年には42ホームランを記録し、自身初となるホームラン王を獲得している。引退するまで6回のホームラン王を獲得。シーズン40本×8回は、ベーブ・ルースの11回に次ぐメジャー史上歴代2位タイの記録となっている。

1971年8月10日、本拠地メトロポリタン・スタジアムでのボルチモア・オリオールズ戦。3番一塁手でスタメン出場したキルブルーは、初回にマイク・クェイヤーのカーブをとらえてホームラン。この一本がメジャー史上10人目の通算500号となった。

ツインズでの最後のホームランは、1974年9月11日、本拠地メトロポリタン・スタジアムでのオークランド・アスレチックス戦。10回裏にダロルド・ノールズから記録したサヨナラ2ランだった。1975年に背番号3は永久欠番となり、1984年に殿堂入りを果たしている。

シカゴ・ホワイトソックス　フランク・トーマス　448本
デトロイト・タイガース　アル・ケーライン　399本
カンザスシティ・ロイヤルズ　ジョージ・ブレット　317本

シカゴ・ホワイトソックスの記録保持者は、448ホームランのフランク・トーマスだ。1990年8月28日、敵地メトロドームでのミネソタ・ツインズ戦。6番一塁手でスタメン出場したトーマスは、9回表にゲリー・ウェインからメジャー初本塁打を記録。デビュー25試合目に飛び出した待望の一本となった。

翌1991年から1997年にかけてトーマスは、メジャー史上初となる7年連続打率3割、100打点、100得点、100四球、20本塁打を記録。そして、1993年、1994年に2年連続MVPを受賞する大活躍を見せている。

2005年7月18日、本拠地USセルラー・フィールドでのデトロイト・タイガース戦。3番指名打者でスタメン出場したトーマスは、8回裏にフランクリン・ハーマンからソロホームランを記録。この一本がホワイトソックスでの最後のホームランとなった。なお、この日の試合では、井口資仁が2番二塁手でスタメン出場している。

その後、トーマスはブルージェイズの一員として、2007年6月28日にメジャー史上21人目となる通算500号を記録。1990年代を代表するスラッガーのトーマスだが、意外なことに打撃主要個人タイトルは、1997年の首位打者のみ。

2024年3月現在、通算500本塁打以上を記録した選手は28人いるが、トーマスのようにホームラン王のタイトルを獲得していない選手は、通算569本のラファエル・パルメイロ、通算509本のゲイリー・シェフィールドの3選手しかいない。2010年8月29日、背番号35は永久欠番となり、2014年に殿堂入りを果たした。

デトロイト・タイガースの記録は、「ミスター・タイガー」と称されるアル・ケーラインの399本。

1953年6月25日、敵地コニー・マック・スタジアムでのフィラデルフィア・アスレチックス戦で6回裏からセンターの守備に入り、若干18歳でメジャーデビューを果たしたケーライン。同年9月26日、敵地クリーブランド・スタジアムでのインディアンス（現ガーディアンズ）戦。７回裏からセンターのポジションに入ったケーラインは、９回表の打席でデーブ・ホスキンス投手からメジャー初ホームランを記録。

20歳で迎えた１９５５年シーズンには、打率３割４分０厘を記録してメジャー史上最年少で首位打者を獲得した。この年からケーラインは13年連続オールスター・ゲームに選出されている。

１９７４年９月18日、敵地フェンウェイ・パークでのボストン・レッドソックス戦。３番指名打者でスタメン出場したケーラインは、９回表レジー・クリーブランドから現役最後となるホームランを放った。タイガース一筋22年の現役生活で３００７安打、３９９本塁打を記録。１９５７年に新設された「ゴールドグラブ賞」は、創設１年目の受賞を手始めに通算10度受賞。走攻守揃《そろ》った名外野手として１９８０年に殿堂入りを果たし、背番号６はタイガースの永久欠番となっている。


カンザスシティ・ロイヤルズの記録は、通算３１５４安打を記録したジョージ・ブレットの３１７本である。

１９７３年８月２日、敵地ホワイトソックス・パークでのシカゴ・ホワイトソックス戦で、8番三塁手でメジャーデビュー。1974年5月8日、敵地アーリントン・スタジアムでのテキサス・レンジャーズ戦。9番三塁手でスタメン出場したブレットは、7回表に、後に殿堂入りを果たす名投手ファーガソン・ジェンキンスからメジャー初ホームランを記録した。1993年9月26日、本拠地カウフマン・スタジアムでのカリフォルニア・エンゼルス戦。3番指名打者でスタメン出場したブレットは、4回裏にジョン・ファレル投手から逆転3ランを打ち、10回裏にポール・スウィングルからサヨナラホームランを記録。この劇的な一本が現役最後のホームランとなった。

首位打者を3度獲得したブレットは、引退するまでメジャーを代表する好打者として活躍したが、「パインタール事件」もブレットを語る上で欠かすことができない。

1983年7月24日、敵地ヤンキー・スタジアムでのヤンキース戦。9回表3対4で負けているロイヤルズの攻撃。2アウト、ランナー一塁で打席にはブレット。マウンドはデール・マレーからクローザー、リッチ・ゴセージに交代した。ゴセージの投じた高めのボールを強振したブレットの打球は、ライトスタンドに突き刺さる逆転2ランホームランとなった。しかし、ブレットが悠々とホームベースを踏んだ直後に「喧嘩《けんか》屋」の異名を取るヤンキース監督のビリー・マーチンがダッグアウトを飛び出して、球審のティム・マクレランドにルールブックに記載されている「パインタール（松脂《まつやに》）の使用は、グリップエンドから18インチ以内」というルールにブレットのバットは違反していると猛抗議した。審判団の協議の結果、ブレットのバットはルール違反と判断され「反則打球」となりホームランは取り消されることに。一転してブレットはアウトとなりロイヤルズは敗戦した。

しかし、判定を不服としたロイヤルズは、アメリカン・リーグに見直しを求めて提訴。協議の結果、アメリカン・リーグのリー・マクフェイル会長は、ロイヤルズの主張を認めてブレットのホームランは有効と判定した。18インチを超過したパインタールの使用は、打球の速度や飛距離とは無関係であるというのがマクフェイル会長の見解だった。マクフェイル会長はブレットがホームランを打った直後からの再試合を指示。8月18日に9回表2アウト、ランナーなし、ロイヤルズが5対4のリードで再開され、結果、5対4でロイヤルズが勝利した。

21年間ロイヤルズ一筋でプレーしたブレットの通算安打数、通算ホームラン数、通算打点、通算二塁打など、様々な記録が現在もチーム記録として残っている。1994年4月7日、背番号5が永久欠番となり、1999年に殿堂入りを果たした。

クリーブランド・ガーディアンズ　ジム・トーミ　337本
ヒューストン・アストロズ　ジェフ・バグウェル　449本
テキサス・レンジャーズ　ファン・ゴンザレス　372本

クリーブランド・ガーディアンズの記録保持者は337ホームランを記録したジム・トーミ。

1991年9月4日、敵地メトロドームでのツインズ戦。7番三塁手でのスタメン出場がデビュー戦となったトーミ。デビュー戦でメジャー初安打を含む2安打を記録したが、メジャー初ホームランまでは時間がかかった。10月4日、デビューから25試合目となった敵地ヤンキー・スタジアムでのヤンキース戦。7番三塁手でスタメン出場したトーミは、9回表に回ってきた最終打席で、スティーブ・ファーからライトスタンド中段に突き刺さる待望のメジャー初ホームランを記録。

メジャー4年目となる1994年には、自身初2桁《けた》となる20本塁打を記録。その後はホームラン打者として覚醒《かくせい》し、2002年に52本塁打を記録。2003年にはフィリーズに移籍して47本塁打を放ち、自身最初で最後となるホームラン王を獲得している。その後、ホワイトソックス、ドジャース、ツインズを経て2011年8月25日にクリーブランドへ復帰。

9月23日、本拠地プログレッシブ・フィールドでのツインズ戦。4番指名打者でスタメン出場したトーミは、3回裏にカール・パバーノからセンター後方に豪快なホームランを記録。この一本がクリーブランドのユニホーム姿で打った最後のホームランとなった。

2007年9月16日にメジャー史上23人目となる通算500本塁打をサヨナラホームランで記録し、2011年8月15日にはメジャー史上8人目となる通算600本塁打を達成した。通算13本のサヨナラホームランはメジャー史上最多。2018年に殿堂入りを果たし、25番はクリーブランドの永久欠番となった。通算ホームランは歴代8位の612本、通算三振数は歴代2位の2548、「三振かホームランか」。これほどまでの豪快なホームラン打者で殿堂入りを果たす選手は、おそらくトーミが最後になるだろう。

ヒューストン・アストロズの記録は、「バギー」の愛称でファンに愛されたジェフ・バグウェルの449本。

1991年4月8日、敵地リバーフロント・スタジアムでのシンシナティ・レッズ戦。

6番一塁手でスタメン出場を果たし、メジャーデビューを飾ったバグウェルは、デビュー6試合目となった4月15日、敵地フルトン・カウンティ・スタジアムでのアトランタ・ブレーブス戦で9回表2アウト、ランナー一塁の場面で打った決勝2ランホームランがメジャー初の一発となった。ルーキーシーズンに15本塁打、82打点を記録したバグウェルは、アストロズ史上初となる新人王を獲得した。

2005年4月29日、本拠地ミニッツメイド・パークでのシカゴ・カブス戦。3番一塁手でスタメン出場したバグウェルは、3回裏に、後に殿堂入りを果たす名投手グレッグ・マダックスからホームランを記録。5月以降は古傷の右肩関節炎が再発して長らく故障者リスト入りした影響もあり、マダックスから打ったホームランが現役最後となった。

大きく開いたガニ股《また》のステップから豪快な本塁打を記録したバグウェルだが、打撃技術にも優れ、15年間の現役生活で打率3割以上を6回記録。1996年からはメジャー史上初となる6年連続30本塁打、100打点、100得点、100四球を記録。そして、一塁手としてはメジャー史上初となる通算400本塁打、200盗塁を達成した。2007年8月26日、背番号5が永久欠番に指定されている。

現役時代にステロイド使用疑惑が囁《ささや》かれ、本人は否定し続けたが、その影響で殿堂入り有資格者1年目となった2011年から得票数が伸びず、2017年にようやく殿堂入りを果たすことができた選手である。

テキサス・レンジャーズは、1961年に第2次ワシントン・セネターズとして誕生し、1972年にテキサス州アーリントンに移転して現チーム名に改名している。そのレンジャーズの記録保持者は、372本塁打を記録したファン・ゴンザレス。

1989年9月1日、本拠地アーリントン・スタジアムでのカンザスシティ・ロイヤルズ戦。弱冠19歳のゴンザレスは、5回表の守備からセンターのポジションに入りメジャーデビューを飾った。9月18日、本拠地アーリントン・スタジアムでのシアトル・マリナーズ戦。8番中堅手でスタメン出場したゴンザレスは、4回裏にスコット・バンクヘッドからメジャー初ホームランを記録している。

デビュー3年目となった1991年に自身初の2桁となる27本塁打を記録。さらに翌1992年に43本塁打でホームラン王を獲得した。22歳での獲得は1970年にジョニー・ベンチが獲得して以来の年少記録となった。1993年には46本塁打を記録して2年連続ホームラン王を獲得。1998年は、1935年のハンク・グリーンバーグ以来史上2人目となる、前半戦だけでの100打点以上を記録している。

その後、デトロイトとクリーブランドを経て、2002年1月8日にレンジャーズに復帰。2003年7月17日、敵地トロピカーナ・フィールドでのタンパベイ・デビルレイズ（現レイズ）戦。4番指名打者でスタメン出場したゴンザレスは、8回表にブランドン・ベックからレンジャーズでの最後のホームランを記録した。

通算434本塁打を記録したゴンザレスだが、早熟のホームランバッターらしく通算300本塁打達成に要した試合数は、アメリカン・リーグ最少となる1096試合。そして、年齢も史上9番目の若さとなる28歳334日だった。

オークランド・アスレチックス　マーク・マグワイア　363本
シアトル・マリナーズ　ケン・グリフィー・ジュニア　417本
ロサンゼルス・エンゼルス　マイク・トラウト　368本

オークランド・アスレチックスの記録保持者は、363本のマーク・マグワイア。マグワイアに関しては、第5章で詳しく取り上げるので、そちらを読んでいただきたい。

1977年に創設されたシアトル・マリナーズの記録は、ケン・グリフィー・ジュニアの417本塁打。グリフィーも第4章で詳述しているので、ここでは割愛する。

1961年に創設されたロサンゼルス・エンゼルスの記録は、マイク・トラウトの368本。

2011年7月8日、本拠地エンゼル・スタジアムでのシアトル・マリナーズ戦、弱冠19歳のトラウトは、9番中堅手でメジャーデビューを飾った。7月24日、敵地カムデン・ヤーズでのボルチモア・オリオールズ戦。8番中堅手でスタメン出場したトラウトは、8回表にマーク・ウォーレル投手から記念すべきメジャー初ホームランを記録。

新人王の有資格者として迎えた2012年の9月30日、敵地レンジャーズ・ボールパークでのテキサス・レンジャーズ戦。ダブルヘッダー第1試合に1番中堅手でスタメン出場したトラウトは、7回表にダルビッシュ有《ゆう》からシーズン30号ホームランを記録。この瞬間、メジャー新人選手史上初に加えて、史上最年少で30本塁打／30盗塁の大記録が達成された。

2013年には、アメリカン・リーグ最年少記録となる21歳9ヶ月と16日でサイクル安打を達成し、2015年には、史上最年少となる23歳253日で通算100本塁打／100盗塁を記録している。2019年には、史上最年少となる28歳24日で通算200本塁打／200盗塁を達成。

2019年までに3度のMVPを受賞したトラウトだが、2021年以降は故障に苦しみ、2022年は40本塁打を記録したものの、シーズンを通して本来のパフォーマンスを披露することができていない。現時点で、現役選手でチーム最多本塁打の記録を保持しているのはマイク・トラウト、エバン・ロンゴリア（タンパベイ・レイズ）、ジャンカルロ・スタントン（マイアミ・マーリンズ）の3人だけ。デビューしたチーム一筋でホームラン記録を更新している現役選手はトラウトのみである。

アトランタ・ブレーブス　ハンク・アーロン　733本
フィラデルフィア・フィリーズ　マイク・シュミット　548本
ニューヨーク・メッツ　ダリル・ストロベリー　252本

アトランタ・ブレーブスの記録は、言わずと知れたハンク・アーロンの733本塁打。

アーロンも、第4章で詳しく取り上げるので、そちらをお読みいただきたい。

フィラデルフィア・フィリーズの記録は、史上最強三塁手と称されるマイク・シュミットの548本塁打。

1972年9月12日、本拠地ベテランズ・スタジアムでのニューヨーク・メッツ戦。2回表の守備からドン・マネーに代わり7番三塁手で出場してメジャーデビューを果たしたシュミットは、メジャー3試合目となった9月16日、本拠地ベテランズ・スタジアムでのモントリオール・エクスポス（現ワシントン・ナショナルズ）戦で、6番三塁手でスタメン出場。7回裏に巡ってきた第3打席でバロー・ムーアからメジャー初ホームランを記録している。

デビュー3年目の1974年には、36ホームランを記録して自身初となるホームラン王を獲得。その年から3年連続を含みホームラン王を8回獲得している。なお、ホームラン王8回はナショナル・リーグ最多記録である。

1976年4月17日、敵地リグレー・フィールドでのシカゴ・カブス戦。6番三塁手でスタメン出場したシュミットは、5回表にラッシェル兄弟の弟リックからホームランを記録。7回表、2打席連続ホームランをリック・ラッシェル投手から放ち、8回表、マイク・ゴーマンから3打席連続ホームラン。10回表、ラッシェル兄弟の兄ポールから4打席連続ホームランを記録した。1試合4本塁打は史上10人目の快挙。

1989年5月2日、本拠地ベテランズ・スタジアムでのヒューストン・アストロズ戦。4番三塁手でスタメン出場したシュミットは、1回裏、ジム・デシェイズからレフトポール際に2ランホームランを記録。この一本が現役最後のホームランとなった。1989年5月28日、敵地キャンドルスティック・パークでのジャイアンツ戦。4番三塁手でスタメン出場したシュミットだが、1988年に手術を受けた右肩が回復せず、この日の試合が最後となり、5月29日に現役引退を発表。

18年間フィリーズ一筋でプレーして通算548本塁打、ホームラン王8回、打点王4回、MVP3回、そして、ゴールドグラブを10回受賞。通算ホームラン数は三塁手として史上最多の記録である。1990年、背番号20がフィリーズの永久欠番となり、1995年、有資格1年目で殿堂入りを果たしたシュミットは、史上最強三塁手に相応《ふさわ》しい輝かしいキャリアを残した。

1962年に誕生したニューヨーク・メッツの記録は、ダリル・ストロベリーの252本塁打。

1980年ドラフトで全体1位指名の名誉を受けてメッツに入団。1983年5月6日、本拠地シェイ・スタジアムでのシンシナティ・レッズ戦。3番右翼手でスタメン出場してメジャーデビューを飾っている。5月16日、敵地スリーリバー・スタジアムでのピッツバーグ・パイレーツ戦。3番右翼手でスタメン出場して5回表にリー・タネル投手からメジャー初ホームランを記録。ルーキーイヤーで26ホームランを記録したストロベリーは新人王を獲得。

1988年に39本塁打を記録して自身最初で最後となるホームラン王を獲得。1990年9月23日、敵地リグレー・フィールドでのシカゴ・カブス戦。4番右翼手でスタメン出場したストロベリーは、6回表に、名投手グレッグ・マダックスからライトスタンド上段に放り込む豪快なホームランを記録。この一本がメッツのユニホーム姿で記録した最後のホームランとなった。

デビュー2年目となる1984年から8年連続でオールスターに選出されるなど、人気と実力を兼ね備えたスターだったが、家庭内暴力、麻薬使用、脱税、警察官とのトラブルなど、様々な不祥事を繰り返した17年間の現役生活だった。通算335本塁打を記録したが、トラブルと無縁だったら、間違いなく500本塁打以上を記録していたはずだ。

マイアミ・マーリンズ　ジャンカルロ・スタントン　267本
ワシントン・ナショナルズ　ライアン・ジマーマン　284本
セントルイス・カージナルス　スタン・ミュージアル　475本

1993年にフロリダ・マーリンズとして誕生し、2012年にマイアミ・マーリンズに名称変更したチームの記録は、ジャンカルロ・スタントンの267本塁打。

2010年6月8日、敵地シチズンズ・バンク・パークでのフィラデルフィア・フィリーズ戦。スタントンは7番右翼手でスタメン出場を果たしてメジャーデビューを飾った。なお、デビューから2年間は、マイク・スタントンの登録名でプレーしている。

6月18日、本拠地サンライフ・スタジアムでのタンパベイ・レイズ戦。7番右翼手でスタメン出場したスタントンは、1回裏、2アウト満塁で打席に入り、マット・ガーザからメジャー初ホームランをグランドスラムで記録した。メジャー第2号はニューヨーク・メッツ戦で五十嵐亮太《いがらしりようた》から3ラン。第3号はロサンゼルス・ドジャース戦で福岡ソフトバンクホークスにも在籍したビセンテ・パディーヤから2ラン。第4号は同じくドジャース戦で黒田博樹《くろだひろき》から3ラン。第5号はアリゾナ・ダイヤモンドバックス戦でイアン・ケネディから、メジャーでは自身初となるソロホームランを記録している。1年目で22ホームランを記録したスタントンだが、ソロホームランはわずか11本だった。

2年目以降も弾丸ライナーでスタンド上段に突き刺さるホームランを量産して、2014年に37本塁打で自身初となるホームラン王を獲得。2017年は、開幕から順調にホームランを量産。8月27日、本拠地マーリンズ・パークでのサンディエゴ・パドレス戦。2番右翼手でスタメン出場したスタントンは、8回裏にクレイトン・リチャードからシーズン50号ホームランを記録。8月末日までに50号を記録した選手は、この時のスタントンを含めて6人しかいない。

9月28日、本拠地マーリンズ・パークでのアトランタ・ブレーブス戦。2番右翼手でスタメン出場したスタントンは、8回裏にレックス・ブラザーズから放ったホームランがマーリンズでの最後のホームランとなった。この年、自身最多となる59本塁打を記録して2度目のホームラン王を獲得。132打点で打点王も獲得して二冠王となったスタントンは、

MVPを初受賞した。トレード移籍したニューヨーク・ヤンキースでは、移籍1年目の2017年に記録した38本塁打、100打点が最高成績となっている。

1969年にカナダのケベック州モントリオールに誕生したモントリオール・エクスポスが、2005年にアメリカのワシントンD.C.に移転して発足したワシントン・ナショナルズ。そのナショナルズの記録は、ライアン・ジマーマンの284本塁打。

2005年ドラフトで、ナショナルズ史上初のドラフト1位指名を受けたジマーマン。同年9月1日、敵地ターナー・フィールドでのアトランタ・ブレーブス戦。7回表に9番ジェイソン・ブレグマンに代わる代打としてメジャーデビューを果たした。1年目は20試合に出場してホームランは0本だったが、3割9分7厘の高打率を記録している。

新人王有資格者として迎えた2006年4月3日、敵地シェイ・スタジアムでのニューヨーク・メッツとの開幕戦。レギュラーポジションを獲得したジマーマンは6番三塁手でスタメン出場を果たした。シーズン2試合目となった4月5日のメッツ戦でも6番三塁手としてスタメン出場したジマーマンは、9回表に当時最強クローザーと称されたビリー・ワグナーから値千金の同点ソロホームランを記録。この貴重な一本がメジャー初ホームランとなった。20本塁打、110打点を記録したジマーマンは、マーリンズのハンリー・ラミレスとの熾烈《しれつ》な新人王争いを演じ、惜しくも投票2位となったが、ナショナル・リーグの新人が100打点を超える成績を残したのは、1954年以降3人目の快挙となった。

その後もナショナルズの看板選手として好守巧打の活躍を見せるも、2011年以降は度重なる故障に襲われ、2015年から一塁手に転向。2021年9月14日、本拠地ナショナルズ・パークでのマイアミ・マーリンズ戦。5番一塁手でスタメン出場したジマーマンは、2回裏にヘスス・ルザルドからソロホームランを記録。この一本が現役最後のホームランとなった。ナショナルズ最初のドラフト1位選手として、16年間ナショナルズ一筋でプレーしたジマーマンの背番号11は、2022年3月21日にナショナルズ史上初の永久欠番に指定されている。

セントルイス・カージナルスの記録は、メジャー歴代4位となる3630安打を記録したスタン・ミュージアルの475本塁打。

首位打者7回、22年の現役生活での通算打率3割3分1厘が示す通り、「安打製造機」のイメージが強いが、通算長打率5割5分9厘を記録しているスラッガーでもあった。

1941年9月23日、敵地フォーブス・フィールドで行われたピッツバーグ・パイレーツとのダブルヘッダー第2試合目。4番右翼手でスタメン出場したミュージアルは、5回表にリップ・シーウェルからメジャー初ホームランを記録。自身3度目となる首位打者を獲得した1948年に記録した39本塁打が自身最多記録。1941年のデビューイヤーは12試合出場で1ホームランだったが、その後はラストイヤーの1963年まで21年連続2桁ホームランを記録している。

1954年5月2日、本拠地ブッシュ・スタジアムで行われたニューヨーク(現サンフランシスコ)・ジャイアンツとのダブルヘッダー第1試合に、3番右翼手でスタメン出場したミュージアルは、3回裏にジョニー・アントネリからソロホームラン。5回裏にもアントネリから2ランホームラン。8回裏にはジム・ハーンから3ランホームランを記録した。続く第2試合も3番右翼手でスタメン出場したミュージアルは、5回裏に後にリリーフ投手として史上初めて殿堂入りを果たすホイト・ウィルヘルムから2ランホームラン。さらに7回裏にもウィルヘルムからソロホームランを記録。この日、ミュージアルは、ダブルヘッダー記録となる5本塁打、21塁打を達成した。

1963年8月12日にシーズン終了後の引退を表明。9月16日、本拠地ブッシュ・スタジアムでのロサンゼルス・ドジャース戦。3番左翼手でスタメン出場したミュージアル。引退へのカウントダウンが進む中、「スタン・ザ・マン（男の中の男）」の勇姿を見届けようとこの日も3万2442人がスタンドを埋めていた。7回裏、ジョニー・ポドレスからソロホームランを記録。この一本が歴史に名を残す名選手が放った最後のホームランとなった。22年間で記録したホームラン、安打、二塁打、三塁打など、ほぼすべての打撃成績が、現在もカージナル史上最多記録として残されている。引退して即、背番号6は永久欠番となり、1969年に殿堂入りを果たしている。

ピッツバーグ・パイレーツ　ウィリー・スタージェル　475本
シンシナティ・レッズ　ジョニー・ベンチ　389本
ミルウォーキー・ブルワーズ　ライアン・ブラウン　352本

ピッツバーグ・パイレーツの記録は、ウィリー・スタージェルの475本塁打。
1962年9月16日、本拠地フォーブス・フィールドでのサンフランシスコ・ジャイアンツ戦。延長10回裏、ジョー・ギボンに代わる代打としてメジャーデビューを果たしたスタージェルだったが、デビューイヤーは10試合に出場して0ホームランだった。

１９６３年5月8日、敵地リグレー・フィールドでのシカゴ・カブス戦。４番一塁手でスタメン出場したスタージェルは、８回表にリンディー・マクダニエルからメジャー初ホームランを記録。１９６２年のデビューから21試合目の待望の一発だった。デビュー3年目の１９６４年に左翼手兼一塁手としてレギュラーポジションを確保したスタージェルは、オールスターに初選出されると、１９６６年に3割、30本塁打、１００打点を記録した。

１９６０年代後半に体重オーバーの影響で一時的に成績が下降したが、31歳で迎えた１９７１年に自己最多となる48本塁打を記録して、自身初となるホームラン王を獲得。１９７３年は44ホームラン、１１９打点で二冠王を獲得した。１９７９年はシーズンＭＶＰ、リーグチャンピオンシップＭＶＰ、ワールドシリーズＭＶＰを獲得。この3つのＭＶＰを同一シーズンで獲得したのは、今でもスタージェルしかいない偉大な記録だ。

当時アメリカでヒットしていたシスター・スレッジの「ウィー・アー・ファミリー」をチームのテーマ曲にした指定したキャプテンのスタージェルは、事あるごとに「ウィー・アー・ファミリー（俺たちは家族だ）」のフレーズを連呼して、チームを鼓舞し続けた。その集大成が1勝3敗の劣勢から大逆転でボルチモア・オリオールズを下して世界一に輝いた瞬間だった。

1982年7月21日、敵地リバーフロント・スタジアムでのレッズ戦。8回表、ラリー・マクウィリアムスの代打として登場したスタージェルは、トム・ヒュームからホームランを記録。この一本がスタージェルにとって現役最後のホームランとなった。体調管理に問題があると指摘された時期もあったが、現役生活は21年間、42歳まで続いた。

スタージェルのホームランの最大の特徴は飛距離。ドジャースのドジャー・スタジアム、フィリーズのベテランズ・スタジアム、エクスポスのオリンピック・スタジアムなど、当時ナショナル・リーグのチームが使用していた半数以上のボールパークの最長ホームラン記録を、スタージェルが保持していたと言われている。背番号8は1982年に永久欠番となり、1988年に殿堂入りを果たした。

2001年4月7日に新球場PNCパークで、スタージェルの銅像の除幕式が行われた。しかし、晴れの舞台にスタージェルは不在。その2日後の4月9日、スタージェルは自身のレガシーを見ることなく61歳の若さでこの世を去った。

シンシナティ・レッズの記録保持者は、史上最強捕手の呼び声が高い389本塁打のジョニー・ベンチ。

1967年8月28日、本拠地クロスリー・フィールドでのフィラデルフィア・フィリーズ戦。弱冠19歳のベンチは、7番捕手でスタメン出場を果たしメジャーデビューを飾った。9月20日、デビュー22試合目となった敵地アトランタ・スタジアムでのアトランタ・ブレーブス戦。7番捕手でスタメン出場したベンチは、6回表にメジャー初ホームランをジム・ブリットンから記録。デビューイヤーは26試合に出場したが、ホームランはこのときの1本のみだった。

新人王有資格者として迎えた1968年、ベンチはレギュラーポジションを獲得して2割7分5厘、15本塁打、82打点を記録して新人王とゴールドグラブ賞を受賞。捕手が新人王とゴールドグラブ賞を同時受賞したのは、このときのベンチが史上初めてだった。

1970年は、45本塁打と当時のチーム記録となる148打点を記録して二冠王を獲得。MVPを初受賞している。22歳でのMVP受賞は、ナショナル・リーグ史上最年少記録である。

1972年には40本塁打、115打点で二冠王を獲得して2度目のMVP受賞。ゴールドグラブ賞は1968年から1977年まで10年連続受賞している。その間チームは19

75年、1976年にワールドシリーズ2連覇を達成。1976年のヤンキースとのワールドシリーズでは、4試合で打率5割3分3厘、2本塁打、6打点を記録したベンチがMVPに選出された。

三塁手ピート・ローズ、遊撃手デーブ・コンセプシオン、二塁手ジョー・モーガン、一塁手トニー・ペレス、右翼手ケン・グリフィー・シニア、左翼手ジョージ・フォスター、中堅手シーザー・ジェロニモ、そして、捕手ベンチで構成されたレッズは「ビッグ・レッド・マシン」と称され、日米で大人気を博した。

1983年シーズン中に今季限りでの引退を表明したベンチ。9月17日、本拠地リバーフロント・スタジアムでのヒューストン・アストロズ戦。この日は「ジョニー・ベンチ・ナイト」と銘打たれて、リバーフロント・スタジアムのレギュラーシーズン記録となる5万3790人のファンが詰めかけた。4番捕手でスタメン出場したベンチは、3回裏にマイク・マッデンからレフトスタンドへ低い弾道のホームランを記録。この一本が現役最後のホームランとなった。

引退当時、389本塁打は捕手史上最多記録。その後、カールトン・フィスクに塗り替えられ、さらにマイク・ピアザが更新。1970年の45ホームランもシーズン捕手最多記録だったが、その後、2021年にロイヤルズのサルバドール・ペレスが48本塁打を記録して更新。1984年に背番号5は永久欠番となり、1989年に有資格者1年目で殿堂入りを果たしている。

1969年に誕生したシアトル・パイロッツがわずか1年で経営破綻《はたん》し、1970年にウィスコンシン州ミルウォーキーに移転してミルウォーキー・ブルワーズが誕生した。そのブルワーズの記録保持者は、352本塁打のライアン・ブラウンだ。

2005年のドラフトでブルワーズの1位指名を受けてプロ入り。2007年5月25日、敵地ペトコ・パークでのサンディエゴ・パドレス戦。2番三塁手でスタメン出場してメジャーデビューを果たす。翌26日、2番三塁手でスタメン出場したブラウンは、3回表にジャスティン・ハーマノからメジャー初ホームラン。1年目は113試合、打率3割2分4厘、34ホームラン、97打点を記録した。そしてコロラド・ロッキーズの遊撃手トロイ・トゥロウィツキーとの熾烈な争いを制して新人王を獲得。

その後も安定した活躍を続け、3年目の2009年に203安打で最多安打、2011年に自身初となる30本塁打/30盗塁を記録してMVPを初受賞。2012年は41本塁打でホームラン王を獲得している。

そして、メジャー史上9人目となる40本塁打／30盗塁を達成。オールスターの常連になり、スター選手の地位を手にしたブラウンだったが、２０１３年7月22日に禁止薬物使用が発覚して残り65試合の出場停止処分が決定。２０１４年開幕戦から出場停止処分は解除されたがホームランは19本だった。

２０１６年に、２０１２年以来となる30本塁打を記録。２０１７年9月8日、敵地リグレー・フィールドでのシカゴ・カブス戦。３番左翼手でスタメン出場したブラウンは、１回表にジョン・ラッキーから通算３００号ホームランを記録。ブルワーズでは史上初となる３００号を記録した選手となった。さらに、２０１８年に通算２００盗塁を記録したブラウンは、メジャー史上25人目となる３００本塁打／２００盗塁の達成者となっている。

２０２０年9月26日、敵地ブッシュ・スタジアムでのセントルイス・カージナルス戦。3番右翼手でスタメン出場したブラウンは、４回表にアダム・ウェインライトから現役最後のホームランを記録。

２０２１年9月14日に無所属の状態で引退を発表することとなった。

シカゴ・カブス　サミー・ソーサ　545本
ロサンゼルス・ドジャース　デューク・スナイダー　389本
サンフランシスコ・ジャイアンツ　ウィリー・メイズ　646本

シカゴ・カブスの記録保持者は、545本塁打のサミー・ソーサだが、第5章で取り上げるので、ここでは割愛する。

ロサンゼルス・ドジャースの記録者は、ブルックリン、ロサンゼルス、両ドジャースで活躍したデューク・スナイダーの389本塁打。

1947年4月17日、本拠地エベッツ・フィールドでのボストン・ブレーブス戦で、代打でメジャーデビューを果たした。1948年5月2日、敵地シャイブ・パークでのフィラデルフィア・フィリーズ戦のダブルヘッダー第1試合。5番右翼手でスタメン出場したスナイダーは、1回表にカート・シモンズからメジャー初ホームランを記録。なお、このときのホームランは、フィラデルフィア・フィリーズの名中堅手リッチー・アシュバーン（1995年ベテランズ委員会選出で殿堂入り）が打球処理を誤った結果、インサイド・ザ・

パーク・ホームランになっている。しかし、7回表に巡ってきた打席でスナイダーは、シモンズからライトスタンドに突き刺さる正真正銘のホームランを記録した。

1949年に中堅手のポジションを獲得したスナイダーは、23本塁打を記録。1953年に自身初の40本超えとなる42本塁打を打つと、そこから5年連続で40本塁打を達成した。1956年は自己最多の43本塁打を放ち、最初で最後となるホームラン王を獲得。

1958年のロサンゼルス移転後は、広くなった本拠地の影響でホームラン数は激減。1962年9月14日、敵地リグレー・フィールドでのシカゴ・カブス戦。3番中堅手でスタメン出場したスナイダーは、フレディ・バーデッドから8回表にホームランを記録。これがドジャースで打った最後のホームランとなった。

全盛期だったブルックリン時代は、同じニューヨークに本拠地を置くヤンキースのミッキー・マントル、ジャイアンツのウィリー・メイズらと、「誰が最高の中堅手か」と、議論され続けた。ヤンキースと争った1952年と1955年のワールドシリーズでスナイダーは、それぞれ4本塁打を記録。2つの異なるワールドシリーズで4本塁打を記録した選手は、今もスナイダーしかいない。

1964年に、サンフランシスコ・ジャイアンツでプレーした後に引退。1980年に殿堂入りを果たしたことにより背番号4がドジャースの永久欠番に指定された。

サンフランシスコ・ジャイアンツの記録は、ニューヨーク、サンフランシスコ、両ジャイアンツで活躍したウィリー・メイズの６４６本塁打。メイズも第４章で詳述するので、そちらを読んでもらいたい。

サンディエゴ・パドレス　ネイト・コルバート　１６３本
コロラド・ロッキーズ　トッド・ヘルトン　３６９本
アリゾナ・ダイヤモンドバックス　ルイス・ゴンザレス　２２４本

１９６９年に創設されたサンディエゴ・パドレスの記録保持者は、１６３本塁打のネイト・コルバートである。

サンディエゴ・パドレス、モントリオール・エクスポス、シアトル・パイロッツ、カンザスシティ・ロイヤルズの創設に伴い、１９６８年10月14日、15日に開催されたエクスパンション・ドラフト（拡張ドラフト）で、コルバートはパドレスより指名を受けてヒューストン・アストロズから移籍した。

1969年4月24日、敵地アストロ・ドームでのヒューストン・アストロズ戦。5番一塁手でスタメン出場したコルバートは、8回表にジャック・ビリングハムからパドレス移籍後初ホームランを記録。アストロズでプレーした2年間で0本塁打だったコルバートにとって、これがメジャー初ホームランとなった。

1972年8月1日、敵地アトランタ・スタジアムで行われたアトランタ・ブレーブスとのダブルヘッダー第1試合に、4番一塁手でスタメン出場したコルバートは、1回表にロン・シューラーから3ランホームラン。7回表にマイク・マックィーンからソロホームランを記録。第2試合も4番一塁手でスタメン出場したコルバートは、2回表にパット・ジャービスから満塁ホームラン。7回表にジム・ハーディンから2ランホームラン。9回表にセシル・アップショーから2ランホームランを放った。1954年にスタン・ミュージアルが記録したダブルヘッダー5本塁打に並ぶ快挙を達成している。そして、13打点、22塁打は新記録となった。

この快挙には裏話がある。セントルイス近郊で生まれ育ったコルバートは、父親のコルバート・シニアに連れられ、1954年5月2日にブッシュ・スタジアムを訪れていた。

当時8歳だったコルバートの目の前で、スタン・ミュージアルがダブルヘッダー5本塁打を達成したのだ。野球の神様の気まぐれなのか、長い歴史を誇るメジャーリーグで、ダブルヘッダー5本塁打を記録したのは、1954年5月2日に同じ場所にいたミュージアルとコルバートの2人しか存在しない。

1974年9月18日、本拠地サンディエゴ・スタジアムでのシンシナティ・レッズ戦。4番一塁手でスタメン出場したコルバートは、2回裏にドン・ギャレットからパドレスでの最後のホームランを記録。1970年に38本塁打、1972年に38本塁打、111打点を記録したコルバートは、パドレス在籍6年間で163本塁打、481打点の活躍を見せたが、メジャー通算では173本塁打しか記録していない。

1993年に創設されたコロラド・ロッキーズの記録保持者は、369本塁打のトッド・ヘルトン。

1995年ドラフトでロッキーズの1位指名を受けてプロ入り。1997年8月2日、敵地スリーリバー・スタジアムでのピッツバーグ・パイレーツ戦で、5番左翼手でスタメン出場してメジャーデビューを飾ったヘルトンは、8回表、マーク・ウィルキンスからメジャー初ホームランを記録。

レギュラー一塁手のスター、アンドレス・ガララーガがブレーブスに移籍した1998年、ルーキーのヘルトンがレギュラーを獲得した。そして、チーム史上初となる、ルーキーながら選手会長にも就任している。新人王有資格者として3割1分5厘、25本塁打、97打点の活躍を見せたが、惜しくも新人王はシカゴ・カブスの剛腕ケリー・ウッドに譲り自身は2位だった。

その後も及第点以上の活躍を見せて迎えた2000年に大ブレイクを果たした。

この年、3割7分2厘、42本塁打、147打点、216安打、59二塁打、405塁打を記録して、首位打者、打点王、最多安打、最多塁打、最多二塁打を獲得している。103長打は当時メジャー史上歴代4位タイの記録となった。そして、ナショナル・リーグの選手としては史上初となるシーズン200安打、40本塁打、100打点、100得点、100長打、100四球の大記録を達成。メジャー全体でもヘルトンと同様の成績を残した選手は、ベーブ・ルース、ルー・ゲーリッグ、ジミー・フォックス、ハンク・グリーンバーグしかいない凄《すさ》まじい記録だ。タイトルは逃したが、2001年も3割3分6厘、49本塁打、146打点、105長打を記録。2年連続100長打はメジャー史上初であり、2年連続400塁打はメジャー史上4人目である。

メジャーを代表する好打者として、8年連続打率3割1分5厘以上、史上初となる10年連続35二塁打など、様々な好成績を安定的に残してきたがヘルトンだが、打者天国のクアーズ・フィールドを本拠地としていることを理由に、記者投票による主要タイトルとは無縁だった。

2005年に背中を故障して以降は、ホームラン数が減少。2013年9月25日、本拠地クアーズ・フィールドでのボストン・レッドソックス戦。5番一塁手でスタメン出場したヘルトンは、2回裏にジェイク・ピービーから現役最後となるホームランを記録した。

シーズン限りでの引退を発表していたヘルトンにとってはこの日が最後のホームゲーム。生え抜きのスーパースターの最後の勇姿を見届けるために4万8775人がクアーズ・フィールドに詰めかけていた。2247試合出場、369本塁打、2519安打、1406打点、592二塁打など、ヘルトンが積み上げてきた様々な成績が今もチーム記録として残されている。2014年8月17日、背番号17がチーム史上初となる永久欠番となった。

1998年に創設されたアリゾナ・ダイヤモンドバックスの記録は、「ゴンゾー」の愛称で親しまれたルイス・ゴンザレスの224本塁打。

1990年9月4日にヒューストン・アストロズでメジャーデビュー。その後、シカゴ・カブスに移籍し、アストロズ復帰。さらにデトロイト・タイガースを経て1998年12月28日にダイヤモンドバックスへのトレード移籍が決まった。

1999年4月7日、敵地ドジャー・スタジアムでのロサンゼルス・ドジャース戦。5番左翼手でスタメン出場したゴンザレスは、4回表にイスマエル・バルデスから移籍後初ホームランを記録した。そして、9回表にメル・ロハスから2本目のホームランも記録している。加入1年目は自己最多となる26本塁打、111打点、リーグ最多となる206安打を記録。過去9年間の実績を考慮すれば、これ以上の成績を残すことはできないと思われていた31歳のゴンザレスだったが、移籍1年目の成績は、今後、起こる大覚醒の序章でしかなかった。

2000年は自己記録を更新する31本塁打、114打点を記録。そして、迎えた2001年。開幕10試合で9ホームランを記録したゴンザレスの勢いは加速していき、その後もホームランを量産。その結果、ナショナル・リーグの左打者としては、73本塁打のバリー・ボンズ、58本塁打のライアン・ハワードに次ぐ歴代3位となる57本塁打を記録した。

ゴンザレスの活躍に加え、ランディ・ジョンソンとカート・シリングの大車輪の大活躍もあり、チームはニューヨーク・ヤンキースとのワールドシリーズに進出。9・11同時多発テロが起こった年のワールドシリーズにヤンキースが進出しただけに、アメリカ世論は自然とヤンキース勝利の雰囲気に包まれていた。だが、本拠地開幕となったダイヤモンドバックスが2連勝スタート。場所をヤンキー・スタジアムに移して行われた第3戦からヤンキースが反撃の3連勝を記録している。ヤンキースの3勝2敗で再び本拠地に戻ったダイヤモンドバックスは、第6戦を15対2と大勝して3勝3敗。迎えた第7戦、ダイヤモンドバックスの先発はカート・シリング、ヤンキースの先発はロジャー・クレメンス。シーズン20勝投手がワールドシリーズで投げ合うのは、1985年以来史上6回目だった。

6回表終了時点でシリングは被安打1の好投。一方のクレメンスは走者を出すが粘りの投球で、5回終了時点で無失点。6回裏、ダイヤモンドバックスのダニー・バティスタが先制タイムリーを放ち、均衡が破れた。先制点を奪われた直後の7回表、1番デレク・ジーター、2番ポール・オニールが連続安打を記録。3番バーニー・ウィリアムスが倒れ、1アウト一、三塁で4番ティノ・マルチネスが打席に入った。マルチネスとダイヤモンドバックスのゴンザレスは、高校時代のチームメイトで大親友の間柄。そのマルチネスがライト前へ同点タイムリーを放った。

8回表、7番アルフォンソ・ソリアーノが左翼スタンドに運ぶ勝ち越しホームランを記録。その後、1アウト一塁となったところで熱投を見せていたシリングが降板し、2番手ミゲル・バティスタが登板。ジーターをサードゴロに打ち取り2アウト一塁となったところで、ボブ・ブレンリー監督が再び投手交代を告げる。ブルペンの扉が開き、登場してきた投手を確認した瞬間、バンクワン・ボールパークは、悲鳴のような大絶叫に包まれた。マウンドに向かったのは、大投手ランディ・ジョンソンだった。

ジョンソンは追加点を許さずに試合は8回裏へ突入した。ヤンキースのマウンドには絶対的守護神マリアノ・リベラ。9回表を終了してヤンキースが2対1でリードの展開となった。9回裏もリベラが続投。先頭打者マーク・グレースがセンター前ヒットで出塁すると、8番捕手のダミアン・ミラーが犠打。その打球を処理したリベラが二塁へ悪送球し、ノーアウト一、二塁となる。代打ジェイ・ベルも犠打を試みたが、三塁封殺で犠打失敗。1アウト一、二塁で打席には1番トニー・ウォーマック。リベラが投じた5球目のカットボール（カッター）を引っ張り、ライト線を抜ける同点二塁打となる。2番クレイグ・カウンセルが死球で出塁。1アウト満塁で打席には3番ゴンザレス。ヤンキースの内野陣が前進守備を敷く中、2球目のカッターを強引に振り抜いたゴンザレスの打球は、バットを折られながらも前進守備のジーターの頭を越えていった。ダイヤモンドバックスが劇的なサヨナラ勝利を飾り死闘に幕が下ろされた。

2006年9月7日、本拠地チェイス・フィールドでのセントルイス・カージナルス戦。3番左翼手でスタメン出場したゴンザレスは、3回裏にジェフ・ウィーバーからダイヤモンドバックスのユニホーム姿で最後のホームランを記録。2007年ドジャース、2008年マイアミ・マーリンズでプレーしたゴンザレスは41歳で現役を引退した。

ダイヤモンドバックス以外では、アストロズ、タイガース、カブス、ドジャース、マーリンズで計12年間プレーして、ホームラン数はわずか130本だった。ゴンザレスにとってアリゾナでプレーした8年間が、いかに特別な時間だったかがよくわかる。2010年8月7日、背番号20がダイヤモンドバックスの永久欠番に指定された。

各チームのホームラン記録保持者の顔ぶれは、さすがの一言に尽きる有名選手ばかりだ。紹介した選手で現役のトラウト、スタントン、ロンゴリア。引退している選手では、デルガド、マグワイア、ソーサ、ファン・ゴンザレス、ストロベリー、ブラウン、コルバート、ルイス・ゴンザレス、ジマーマンの計12選手を除き、18名が殿堂入りを果たしているスーパースターたちである。

第4章

ホームランで魅了した男たち

現代の大谷翔平やアーロン・ジャッジが、豪快なホームランでファンたちを大いに魅了しているように、MLBの長い歴史の中で、かつても数々の名スラッガーたちが、幾多のホームランを放ち、観客を大いに沸かせてきた。本章では、その歴史を紐解《ひもと》いていきたい。

ベーブ・ルース

1914年7月11日、本拠地フェンウェイ・パークでのクリーブランド・ナップス（現ガーディアンズ）戦で、ボストン・レッドソックスの19歳、ベーブ・ルースは、9番先発投手としてMLBデビューを果たした。

投手としては、7回8安打3失点、奪三振は1つだった。被安打8の中には、伝説の選手シューレス・ジョー・ジャクソンの2安打が含まれていた。一方で、1896年から1916年にかけて通算3243安打を記録した元祖安打製造機ナップ・ラジョイは完璧《かんぺき》に抑えた。

打者としては、2打数0安打1三振。試合は4対3でレッドソックスの勝利。試合時間は1時間33分。審判団は球審を含む2人体制。

この時代は通称「デッドボール時代」と呼ばれている。

1900年から1919年までは、複数の企業がアメリカ国産の野球ボールを生産していたが、どのボールも質が悪く、試合の途中にボールの縫い目が緩んだり、縫い目が切れたり、ボールの形が変形してしまうことがあった。そして、土や泥、唾《つば》や噛《か》みタバコのヤニなどで汚されていくボールは黒く変色。野球ボールが高価だったこともあり、それでも同じボールを使い続けていた時代だ。

またこの時代は、シカゴ・カブスの当時の本拠地・ウエストサイド・グラウンズが、センター後方まで170メートル、レッドソックスがフェンウェイ・パーク開場前に本拠地としていたハンティントンアベニュー・グラウンズが、センター後方まで194メートルあるなど、今では想像すらできないモンスター級のボールパークが稼働していた。そのため、ホームランがほとんど記録されない時代だった。

1915年5月6日、敵地ボロ・グラウンズでのニューヨーク・ヤンキース戦。20歳のルースは9番先発投手でスタメン出場。

3回表に回ってきた第1打席で、ヤンキースの先発ジャック・ウォーホップが投じた初球を強振。ルースが放った打球は放物線を描きながらライトスタンドに着弾。ベーブ・ルースの記念すべきMLB第1号ホームランとなった。

当時のポロ・グラウンズはライトポールまで79メートルしかないが、フィールドの形状が長方形に近く、「バスタブ」と称され、右中間最深部までは136メートルあった。1915年、ポロ・グラウンズを本拠地として82試合を戦ったヤンキースのホームラン総数が、わずか28本だったことを考慮すれば、この日、ルースが打ったホームランを見届けた5000人の観客は度肝を抜かれたに違いない。

MLB史上初めてとなる、2桁《けた》勝利2桁本塁打を達成した1918年。

打撃がいい投手として、4月に4回、先発登板していた。

シーズン5回目の先発となった5月4日、敵地ポロ・グラウンズでのニューヨーク・ヤンキース戦。9番投手でスタメン出場。投手ルースは8回を投げ5安打5失点で負け投手に。しかし、7回表の打席で打者ルースは、相手先発アレン・ラッセルからライトスタンドに突き刺さるシーズン第1号2ランホームランを記録している。このホームランを見届けたレッドソックスの監督エド・バーローは、登板日以外でもルースを野手で起用することを決断した。

5月6日、敵地ポロ・グラウンズでのニューヨーク・ヤンキース戦。6番一塁手でスタメン出場。1914年7月11日のデビュー以降、この日がルースにとって初めて、投手以外でのスタメン出場となった。

4回表に回ってきた第2打席でルースは、このシーズン16勝を記録するヤンキースの先発ジョージ・モドリッジから、ライトスタンドに飛び込む第2号2ランホームランを記録。この試合からベーブ・ルースの「二刀流」が本格的に稼働した。

デビューから1917年までの4年間、ルースの打席数の最多記録は1916年の152打席だったが、二刀流が本格稼働した1918年は382打席に急増。結果、打者として打率3割、11本塁打、61打点。投手として13勝7敗、防御率2・22を記録した。11本塁打は、フィラデルフィア（現オークランド）・アスレチックスのベテラン外野手ティリー・ウォーカーと並ぶMLB最多記録だった。ちなみに、1918年シーズンで2桁本塁打を記録したのも、ルースとウォーカーだけだった。

1919年にルースは、29本塁打を記録して2年連続のホームラン王を獲得。2位はギャビー・クラバスの12本塁打だった。ルースがMLBデビューを果たした当時、球界を代表するホームラン打者はフィラデルフィア・フィリーズのクラバスだった。1913年からの3年連続を含め、ナショナル・リーグのホームラン王を通算6回獲得するなど活躍し、1920年を最後に引退した。球界を代表するホームラン打者の世代交代が起こり、いよいよホームランが量産される「ライブボール時代」へと突入する。

1919年12月26日、レッドソックスは10万ドルでルースをヤンキースへ売却する。レッドソックスは、ルースを放出する以前は、1903年、1912年、1915年、1916年、1918年にワールドシリーズを制覇していた。しかし、ルース放出後は、1946年をはじめワールドシリーズに4度進出するもすべて敗退。この勝てない時代は「バンビーノの呪い」（バンビーノはルースの愛称）として長らく語り継がれてきた。「バンビーノの呪い」は、2004年にレッドソックスがワールドシリーズを制覇するまで、86年間続いた。

1920年4月14日、敵地シャイブ・パークでのフィラデルフィア・アスレチックス戦。

4番中堅手でスタメン出場し、ニューヨーク・ヤンキースでのデビューを飾った。

4月はバッティング練習中に手を故障した影響で月間0本塁打と精彩を欠いたが、故障が癒えて迎えた5月1日、本拠地ポロ・グラウンズでの古巣ボストン・レッドソックス戦。4番右翼手でスタメン出場したルースは、6回裏にハーブ・ペノック投手からライトスタンドに突き刺さる移籍第1号ソロホームランを記録した。

この一本を皮切りに量産モードに突入したルースは5月に、当時の月間記録となる12本塁打をマーク。ただ一人だけ異次元のペースでホームランを撃ち続けるルースを一目見ようと、ヤンキースの本拠地ポロ・グラウンズには連日、大勢のファンが押し寄せた。

5月16日のクリーブランド・インディアンス（現ガーディアンズ）戦では、収容人数3万4000人のポロ・グラウンズに、ルースが見たい3万8600人が来場した。この日の観客動員数は、ポロ・グラウンズが1923年に改修されるまで最多観客動員数として記録された。

6月に入ってもルースの量産モードは続き、再び月間12本塁打をマーク。

7月19日、本拠地ポロ・グラウンズでのシカゴ・ホワイトソックス戦。

ダブルヘッダーの2試合目、4番左翼手でスタメン出場したルースは、4回裏に第30号

2ランホームランを放ち、1919年に自身が記録した、MLB最多本塁打の29本をあっさりと更新した。

9月4日、敵地フェンフェイ・パークでのボストン・レッドソックス戦。ダブルヘッダー2試合目に3番右翼手でスタメン出場したルースは、6回表にライトスタンド上段に着弾する第46号ソロホームランを記録。当時、プロ野球のシーズン最多本塁打記録とされていたのが、1859年にマイナー組織であるウエスタン・リーグのミネアポリスでプレーしていたペリー・ワーデンが記録した45本塁打だった。

MLBを含むすべてのプロ野球でのシーズン最多本塁打記録を樹立したルースは、最終的にシーズン54本塁打を記録した。1920年シーズンでルースに次ぐホームランを記録したのは、セントルイス・ブラウンズのジョージ・シスラーのわずか19本だった。

ベーブ・ルースの「ホームラン狂想曲」の幕があがり、1919年は観客動員数が61万9164人だったポロ・グラウンズに、1920年は128万9422人が押し寄せた。このときの動員数がMLB史上初となる100万人超えとなった。

1920年に驚異的なペースでホームランを量産したルースだが、この年のシーズンからMLBは、ボールメーカー「AJリーチ・カンパニー」社製の新しい公式球を導入。この公式球は、当時最先端の機械により製造され、粗悪品だった「デッドボール時代」の公式球とは比較にならないほどの高品質だった。

この公式球の導入により「デッドボール時代」からホームランが量産される「ライブボール時代」に突入。ボールパークにはホームランを見ようとファンが集まり、MLBは第1次黄金期を迎えた。

1921年には記録更新となる59本塁打、1927年には前人未到のシーズン60本塁打を記録したベーブ・ルース。

1935年5月25日、敵地フォーブス・フィールドでのピッツバーグ・パイレーツ戦。ルースはボストン・ブレーブスの一員として3番右翼手でスタメン出場。

1回表に、相手先発のレッド・ルーカスから、先制となる2ランホームランを放った。さらに3回表にガイ・ブッシュから2ランホームラン。

そして7回表に、同じくブッシュからソロホームランを打った。

ルースはこの日、1試合3本塁打、6打点の大活躍を見せた。3本目のホームランはフォーブス・フィールドの場外に消える特大の一発だった。

収容人数4万1000のフォーブス・フィールドで、この日の観客動員数はわずか1万人。1万人の前で打ったホームランが、何百万人、何千万人のファンをホームランで魅了してきたベーブ・ルースの、現役最後のホームランとなった。

ベーブ・ルースの生い立ち、幼少期、プロ野球選手になるまで、移籍話、私生活などについては、拙著『大谷翔平とベーブ・ルース　2人の偉業とメジャーの変遷』（角川新書）に詳述しているので、興味があればぜひそちらも読んでみてほしい。

ハンク・アーロン

ベーブ・ルースのように、シーズン50本塁打、60本塁打を打ったことはない。シーズン最多本塁打は47本。それでも、ベーブ・ルースの通算714本塁打を超える、755本塁打を打つことができた。ハンク・アーロンのキャリアは、太く、長く、そして、強い。

1934年2月5日、アラバマ州モービルで生まれたヘンリー・ルイス・アーロン。幼い頃、貧しい家庭を助けるために、綿花農場で働きながら学校に通っていた。アーロンが生まれ育ったモービルの「ダウン・ザ・ベイ」地区では、本格的に野球をプレーする施設はなく、貧しくて野球道具を買うこともできなかったために、瓶のフタを木の枝で打つなどして、野球の真似事をしていた。

この当時、ブルックリン・ドジャース（現ロサンゼルス・ドジャース）が練習試合でモービルを訪れた際にアーロンは、MLBにおける「人種の壁」を取り払ったジャッキー・ロビンソンと会話を交わしている。それ以来、アーロンの憧《あこが》れの野球選手は、ジャッキー・ロビンソンになった。

地元のセントラル高校に進学したアーロンは、アメリカンフットボールと野球をプレー。野球のポジションは、遊撃手、三塁手、外野手だった。

1949年、15歳になったアーロンは、憧れのロビンソンがプレーしていたブルックリン・ドジャースのトライアウトを受けたが不合格に終わる。高校3年から私立のジョセフィン・アレン高校に転校。この頃には、野球選手として注目を集めていたアーロンは、セミプロのモバイル・ブラックベアーズで1試合3ドルの報酬でプレーしていた。

大学進学を強く願っていた母エステラの思いとは逆にアーロンは、1951年11月にニグロ・リーグ（注　ニグロは当時も特定人種を差別的に扱っていた言葉であり、現在も人種差別用語と認知されている。今日の人権擁護の見地に照らして不適切であり、使用すべき言葉ではない。本書では、当時のアメリカ球界で正式名称として使用されていたため、当該リーグを指す際にのみ、歴史的用語としてやむなく使用するが、このリーグ名自体が差別用語であり、当時のアメリカ社会、アメリカ球界の差別的な状況を示していることを読者諸氏には理解していただきたい）のインディアナポリス・クラウンズと月収200ドルで契約。幼少期に本格的な指導を受けてこなかったアーロンは、この時期まで「クロス・ハンデッド」でバットを握っていた。アーロンのような右打者は本来、左手が下、右手が上でバットを握るが、アーロンは左右の手が逆の状態でバットを握っていたのだ。「クロス・ハンデッド」では、手首を効果的に使用できないため長打が少なくなるが、アーロンは「クロス・ハンデッド」でもホームランを記録していた。

プロ1年目の1952年シーズン、チームはリーグのワールドシリーズで優勝を果たす。優勝後、アーロンの元に2通の電報が届いた。

1通はニューヨーク・ジャイアンツ（現サンフランシスコ・ジャイアンツ）から。

もう1通はボストン・ブレーブス（現アトランタ・ブレーブス）から。

アーロンは、月額で報酬が50ドル高かったボストン・ブレーブスと、1952年6月14日に契約。後にアーロンは「ウィリー・メイズと私がチームメイトになれなかった唯一の理由は、50ドルだった」とコメントしている。

入団後、ブレーブスの下部組織で「クロス・ハンデッド」を矯正したアーロンは、1952年に下部組織リーグで新人王を獲得。

1953年は、ブレーブスの1Aジャクソンビル・ブレーブスでプレー。ジャクソンビルが所属するサウス・アトランティック・リーグでプレーした、アフリカ系アメリカ人の選手は誰もいない時代。アーロンが「人種の壁」を破壊した。

フィールドではチームを優勝に導き、MVPを獲得したアーロンだったが、人種差別が色濃く残る南東部での生活は苦労の連続。チームメイトと同じホテルに滞在できないことも多々あり、アーロンは自分自身でホテルの手配などを行っていた。

1953年、バーバラ・ルーカスと出会ったアーロンは、交際をスタート。バーバラが初めてアーロンの試合を観戦した日にシングルヒット、2ベース、ホームランを記録した。10月6日、19歳のアーロンはバーバラと結婚する。

1954年、メジャーのスプリングトレーニングに招集。3月14日のオープン戦で左翼手として初スタメン出場したアーロンは、ホームランを記録。試合後、ブレーブスはアーロンとメジャー契約を結んだ。

1954年4月13日、敵地クロスリー・フィールドでのシンシナティ・レッドレッグス（現レッズ）との開幕戦。背番号5をまとったアーロンは、5番左翼手でスタメン出場しメジャーデビューを飾った。

4月23日、敵地ブッシュ・スタジアムでのセントルイス・カージナルス戦。6番右翼手でスタメン出場したアーロンは、6回表1アウト走者なしの場面で、相手先発のビック・ラッシからレフトスタンドに記念すべきMLB第1号ホームランを記録した。1年目は9月5日に足首を骨折するまでに、122試合、打率2割8分0厘、13本塁打、69打点を記録している。

1955年から、後に代名詞となる背番号44番に変更。この年、オールスターに初選出されると、1975年まで21回連続選出の記録を樹立する。

1956年、打率3割2分8厘で首位打者を獲得。自身初の個人タイトルとなった。

1957年シーズンから、バットスピードを向上させるために、1021グラムから964グラムへとバットを軽量化した。その結果、アーロンは44ホームラン、132打点で二冠王。そして、スタン・ミュージアルとの激戦を制してMVPを獲得した。この受賞が、アーロンが獲得した最初で最後のMVPとなった。そして、この年の9月23日、後にアーロンが「キャリアの始まりの頃では、最高の一本だった」と回顧するホームランが生まれた。

本拠地カウンティ・スタジアムでのセントルイス・カージナルス戦。

ボストンから1953年に移転して誕生したミルウォーキー・ブレーブス（現アトランタ・ブレーブス）史上初のリーグ優勝がかかった試合。スタンドには満員に膨れ上がった4万9926人の大歓声が轟《とどろ》く中、試合は始まった。

アーロンは4番中堅手でスタメン出場。

2回裏の第1打席はレフト前ヒット。

3回裏の第2打席はセンター前ヒット。

5回裏の第3打席は四球。

7回裏の第4打席は敬遠。

9回裏の第5打席はショートゴロ。

試合は2対2の同点で延長戦へ突入。

11回裏、2アウト一塁の場面。マウンドにはビリー・マフェット。

初球を強振したアーロンの打球は、夜空に舞い上がり、悲鳴に近い大声援の中、センター後方に着弾する第43号サヨナラ2ランホームランとなった。幸運にもホームランボールを捕ったヒューバート・デイビスは、周りのファンに揉みくちゃにされた。

ミルウォーキー移転後、リーグ初制覇を達成したブレーブスは、ワールドシリーズでヤンキースと対戦。アーロンの打率3割9分3厘、3ホームランの活躍で、ミルウォーキー・ブレーブス史上最初で最後となるワールドシリーズ制覇を達成した。

1957年はアーロン家にとっても特別な年になった。

3月にハンク・ジュニアが誕生。

12月にはラリーとゲイリーの双子が誕生(残念ながらゲイリーは病死)。

その後、1962年に末娘のドリンダが誕生した。

しかし、夫婦は1971年2月に離婚している。

1960年7月3日に通算200本塁打に到達。

1963年に44ホームランと130打点で二冠王を獲得。このシーズンで31盗塁を記録したアーロンは、史上3人目となる30本塁打／30盗塁を記録。なお、40本塁打／30盗塁は史上初の快挙となった。

1966年に通算400号本塁打を達成。

1968年7月14日、サンフランシスコ・ジャイアンツ戦でマイク・マコーミックから通算500号本塁打を記録。1970年5月17日、レッズ戦で通算3000安打を達成して、MLB史上初となる通算3000安打／500本塁打の選手が誕生した。

1971年4月27日、本拠地アトランタ・スタジアムでのサンフランシスコ・ジャイアンツ戦。3番右翼手でスタメン出場したアーロンは、3回裏、後に殿堂入りを果たす名投手ゲイロード・ペリーから、MLB史上3人目となる通算600号本塁打に到達した。

1973年7月21日、本拠地アトランタ・スタジアムでのフィラデルフィア・フィリーズ戦。4番左翼手でスタメン出場したアーロンは、3回裏にケン・ブレットから通算700号本塁打を達成。

ベーブ・ルースの714本塁打が近づくに連れて、アーロンの周辺には不穏な空気が漂い始めていた。この頃、アーロンの自宅ポストには大量の手紙が届いていた。合衆国郵便公社は、1973年の1年間で93万通の手紙がアーロン宛に投函《とうかん》されたと発表した。その大量の手紙の多くは、神聖化されたベーブ・ルースの記録を破ることへの不満ばかりか、中には殺害予告まで書かれたものが大量に含まれていた。なお、そのときの手紙の一部が、現在でもクーパーズタウンの野球殿堂博物館に保管されている。

「711本塁打を打ったそうですね。私は毎晩、次のように祈ります。

1、チープなホームランを打つのは、やめてください。

2、投手がわざと打たせるために投げるのをやめてください。

3、713本目を打った後にあなたは事故に遭い、プレーできなくなります。

4、あなたは病気になります。

5、ベーブ・ルースは最高のホームランバッターであり、714本は常に記録です。

6、あなたはブラックパンサー党に襲われます」

その他にも「あなたはルースよりも2700回以上打席に立っている。ルースがあと2700回打席に立てば、814ホームランを打っている。あなたは、白人であればもっと信用されるだろうと言いましたね。それは無知です。ただの馬鹿です」など心ない言葉ばかり。

当初、アーロンは人種差別的な手紙の存在を公表しなかったが、やがて大量の手紙の存在が明らかになり、アーロンを励まし、応援する手紙も大量に届くようになった。ベーブ・ルースの妻クレアは「もし、ベーブが生きていたら記録への挑戦を熱狂的に応援したでしょう」とコメントしたが、アーロンを擁護する記事や報道をすれば、その記事を書いた記者の自宅にも脅迫の手紙が届くなど、アーロンが打つホームランは、全米を巻き込んだ大騒動となった。

1973年シーズン中にルースの記録を超えると予想されたが、通算713号本塁打で終了。最終戦を終えて、アーロンは「唯一の恐怖は、1974年シーズンを見るまで生きていられないかもしれないことだ」とコメントした。

1974年4月4日の開幕戦、敵地リバーフロント・スタジアムでのシンシナティ・レッズ戦。4番左翼手でスタメン出場したアーロンは、1回表の第1打席、ジャック・ビリンガムから、シーズン初スイングでルースに並ぶ通算714号本塁打を記録。

1974年4月8日、本拠地アトランタ・スタジアムでのロサンゼルス・ドジャース戦。その瞬間を見ようと5万3775人が押し寄せた。4番左翼手でスタメン出場したアーロンは、2回裏の第1打席は四球を記録。4回裏の第2打席、マウンドにはアル・ダウニング。アーロンは2球目を強振。高々と舞い上がった打球は左中間フェンスのブルペンに着弾する通算715号本塁打となった。

球場が騒然とする中、悠々とダイヤモンドを一周するアーロンの元に興奮した大学生2人が乱入したが、アーロンは無事にホームに生還。試合を中断して行われたセレモニーでアーロンは「神様に感謝します。すべてが終わりました」と話した。

ドジャース側で715号を見届けた名実況者ビン・スカリーは「アトランタとジョージア州にとって何と素晴らしい瞬間でしょう。この国と世界にとって何と素晴らしい瞬間でしょう。史上最高の野球のアイドルの記録を破ったアフリカ系アメリカ人の選手が、ディープサウスでスタンディングオベーションを受けています。そして、それは私たち全員にとって、特にヘンリー・アーロンにとって素晴らしい瞬間です。久しぶりに、アーロンのあのポーカーフェイスは、過去数ヶ月間、一緒に暮らしていたであろう物凄《ものすご》い緊張と安堵《あんど》感を示しています」と実況した。

１９７６年7月20日、本拠地カウンティ・スタジアムでのカリフォルニア・エンゼルス戦。ミルウォーキー・ブルワーズの一員として4番指名打者でスタメン出場したアーロンは、７回裏にディック・ドラゴからレフトスタンドに突き刺さるソロホームランを記録。この日、１万１３４人が見届けた通算７５５号本塁打が、ハンク・アーロン最後のホームランとなった。

１９７６年10月3日、本拠地カウンティ・スタジアムでのデトロイト・タイガース戦。4番指名打者でスタメン出場したアーロンは、６回裏の第３打席でショートへの内野安打を記録。その直後に代走を送られて、ダグアウトに下がった。この試合、そして、この日の安打が現役最後となった。

23年間の現役生活でアーロンは、通算打率３割０分５厘、通算７５５本塁打、通算２２９７打点、３７７１安打、６８５６塁打を記録。打点と塁打は現在でもＭＬＢ歴代１位を誇っている。

引退翌年に球団幹部としてアトランタ・ブレーブスへ復帰。１９８２年に殿堂入りを果たし、背番号44は、ブレーブスとブルワーズの2チームで永久欠番に指定。野手が2チームで永久欠番になったのはアーロンが史上初である。
公民権運動にも積極的に参加し、アフリカ系アメリカ人のアスリートの地位向上に努めたアーロンに対して、ボクシング界の英雄モハメド・アリは「私が自分よりも憧れる唯一の男だ」とコメントしている。
2021年1月22日、アトランタ郊外の自宅で睡眠中に死去。死因は自然死とされた。享年86。1月27日に葬儀が行われ、サウスビュー墓地に埋葬された。

「ベーブ・ルースを忘れてほしいとは思っていない。ただ、ハンク・アーロンを覚えてもらいたいのです」

ヘンリー・ルイス・アーロン（通称ハンク・アーロン）

ウィリー・メイズ

1954年のワールドシリーズには、シーズン154試合で111勝を記録したクリーブランド・インディアンス（現ガーディアンズ）が進出した。1927年にベーブ・ルースやルー・ゲーリッグを擁したヤンキースが記録した110勝を抜き、シーズン最多勝利記録を更新している。対戦相手は、首位打者とMVPを獲得した若きウィリー・メイズが牽引《けんいん》するニューヨーク・ジャイアンツ（現サンフランシスコ・ジャイアンツ）。戦前の下馬評は、最多勝利記録を更新したクリーブランドが圧倒的有利。しかし、第1戦の「あのプレー」がすべてを変えてしまった。

1954年9月29日、ワールドシリーズ第1戦の舞台は、ジャイアンツの本拠地ポロ・グラウンズ。メイズは4番中堅手でスタメン出場。相手先発は28勝で最多勝を獲得した名投手ボブ・レモン。

1回表、ビック・ワーツの三塁打でクリーブランドが2点を先制。

3回裏、ハンク・トンプソンのヒットなどでジャイアンツが同点に追いつく。

その後は、ジャイアンツの先発サル・マグリーとレモンの投手戦へ。

2対2の同点のまま迎えた8回表、クリーブランドの攻撃。

先頭のラリー・ドービーが四球で出塁。続くアル・ローゼンがショート内野安打。ノーアウト一、二塁で、先制打を放った5番ビック・ワーツが打席へ。ここでジャイアンツは

2番手ドン・リドルが登板。

ワーツが強振して打ち上げた大飛球は、センター方向へ。打球はグングン伸びていき、誰もがクリーブランドの勝ち越し点を確信した。しかし、中堅のメイズは打球を追って、センター最深部まで154メートルあるポロ・グラウンズの広い外野を背走、背走、背走。最後は自分の背中越しに飛んでくる大飛球を後ろ向きのままランニングキャッチ。この捕球が、MLBの歴史の中でベストと称される「ザ・キャッチ」である。

捕球はもちろんだが、この後のプレーもメイズの素晴らしさを物語っている。捕球直後にメイズは、犠飛による進塁を食い止めるために、体勢を崩しながら矢のような返球を内野に返した。メイズが捕球した位置は、ホームベースから約130メートルの地点。足の速い二塁ランナーのドービーなら一気にホームに返ってくる可能性があったが、ドービーはメイズの返球を見て三塁でストップした。

この大ピンチをメイズの「ザ・キャッチ」で凌《しの》いだジャイアンツは延長10回裏、1アウトから四球で出塁したメイズが二盗を決め、ダスティー・ローズのサヨナラ3ランホームランを呼び込んだ。初戦の激闘を制したジャイアンツは勢いに乗り、戦前の下馬評を覆して、4戦をスイープでクリーブランドを撃破した。

「MLB史上最強のコンプリートプレーヤー」などと称されるウィリー・メイズ。セミプロでプレーしていた父キャットと、高校バスケットボールと陸上でスター選手だった母アニーのもと、1931年5月6日にアラバマ州ウェストフィールドで誕生したウィリー・ハワード・メイズ・ジュニア。生後6ヶ月で歩き始めたメイズのベビーベッドにはすでに野球ボールが置かれていた。両親は正式に結婚せずにメイズが3歳のときに別居。その後、メイズは父と2人の叔母のもとで生活した。

5歳のときに父親の手ほどきを受けて本格的に野球を始めたメイズ。幼少期について好んで話さなかったメイズだが「靴がなく、よく裸足で学校に通っていた」と、貧しかった少年時代を晩年に回顧していた。

フェアフィールド工業高校時代は、野球はもちろん、アメリカンフットボール、バスケットボールでも大活躍。16歳のときにはすでにセミプロのチームなどで活躍していた。

高校卒業を控えた時期になるとボストン（現アトランタ）・ブレーブス、ブルックリン（現ロサンゼルス）・ドジャースなど数多くのチームがメイズに興味を示していた。その結果、メイズは4000ドルの契約金と月給250ドルを提示したニューヨーク・ジャイアンツと契約を結んだ。

1950年は、ジャイアンアツ傘下のトレントンでプレーし、打率3割5分3厘を記録。1951年は3Aのミネアポリスで、35試合出場で打率4割7分7厘を記録してメジャーに昇格。5月25日、敵地シャイブ・パークでのフィラデルフィア・フィリーズ戦。弱冠20歳のメイズは3番中堅手でスタメン出場し、MLBデビューを飾った。

5月28日、本拠地ポロ・グラウンズでのボストン・ブレーブス戦。3番中堅手でスタメン出場したメイズは、1回裏の第1打席で、伝説の名投手ウォーレン・スパーンからMLB初ヒットとなる第1号ソロホームランを記録した。

デビュー当初のメイズは好不調の波が大きく打順を8番に下げられることもあった。無安打の試合が続くと涙を流しながら「俺には無理だ」と弱音を吐くこともあったという。そんなときにジャイアンツの監督レオ・ドローチャーは、「私がジャイアンツの監督である限り、あなたは私の中堅手だ。あなたは私が見てきた中で最高の中堅手」とメイズを励まし続けた。1年目のメイズは、打率2割7分4厘、20本塁打、68打点を記録して新人王を獲得した。

その年、進出したワールドシリーズで少年時代のヒーロー、ジョー・ディマジオとミッキー・マントルを擁するヤンキースと対戦。打率1割8分2厘、0本塁打と苦しみ、チームもヤンキースに敗退した。なお、第1戦でジャイアンツは左翼手モンテ・アービン、中堅手メイズ、右翼手ハンク・トンプソンをスタメン起用したが、このときの布陣がMLB史上初めて、アフリカ系アメリカ人の選手が外野の全ポジションを守った試合となった。


1952年、メイズはアメリカ陸軍に徴兵されるまで34試合に出場。

5月28日、敵地エベッツ・フィールドでのブルックリン・ドジャース戦。6番中堅手でスタメン出場。この試合がメイズにとって徴兵前の最後の試合だった。残念ながら無安打に終わったが、エベッツ・フィールドに詰めかけた1万5835人のファンは、メイズに大声援を送った。隣町の宿敵ジャイアンツの選手相手にエベッツ・フィールドのドジャースファンから大声援が送られることは、まさに奇跡に近い大珍事。

徴兵されたメイズはバージニア州フォート・ユースティス駐屯所に配属され、徴兵期間の大半は野球をプレーすることを命じられていた。陸軍での試合でミスをすれば、どこかで情報を仕入れたジャイアンツの監督ドローチャーからお叱りの電話がかかってきていた。試合中に足を骨折したときには、電話越しにドローチャーから大説教を受けた。時にはドローチャーから小遣い代わりの入金があったことなどをメイズは晩年、回顧していた。

2年間の兵役中に推定180試合に出場したと言われているメイズは、1954年のスプリングトレーニングでジャイアンツに復帰。23歳のメイズは兵役のブランクを感じさせない大活躍を見せて41ホームランを記録。ワールドシリーズでは前述した「ザ・キャッチ」を見せたのだった。

1955年は、当時史上最年少24歳137日でシーズン50ホームランを記録。最終的に51本まで伸ばして自身初となるホームラン王を獲得した。この年、デビュー前からメイズを時には厳しく、時には父親のような優しさで擁護してきたレオ・ドローチャー監督が退任。メイズは「レオ、俺が困っているときに、もう、助けには来てくれないのか」と問うと、「今のウィリー・メイズには、誰の助けもいらない」と答えた。

1956年、36本塁打、40盗塁を記録して史上2人目の30本塁打／30盗塁を達成。

1958年、チームはニューヨークからサンフランシスコに移転。移転から2年間はシールズ・スタジアムを使用。

1960年からは、4月12日に開場したキャンドルスティック・パークが新しい本拠地となった。開場当初はホームランが出やすいボールパークと思われていたが、海岸沿いの埋立地に造られたボールパークは、海からの強風が舞い込み、メイズのような右打者が打ったボールが風で押し戻されるシーンがよく見られた。それでもメイズはホームランを量産し、1962年に49本塁打を記録して自身2度目となるホームラン王を獲得。

1964年、47本塁打で3度目のホームラン王。

1965年9月13日、敵地アストロ・ドームでのヒューストン・アストロズ戦。3番中堅手でスタメン出場したメイズは、4回表にドン・ノットバートからセンターバックスクリーンへ通算500号本塁打を記録。当時、通算500号は、ベーブ・ルース、ジミー・フォックス、メル・オット、テッド・ウィリアムスに次ぐ史上5人目だった。

この年は、8月にナショナル・リーグの月間記録となる17本塁打をマーク。その時点ではベーブ・ルースのシーズン最多ホームランを上回るペースでホームランを量産していた。結果的には52本塁打でホームラン王と自身2度目となるMVPを獲得。

1969年9月22日、敵地サンディエゴ・スタジアムでのサンディエゴ・パドレス戦。7回表に代打で登場したメイズは、マイク・コーキンズからレフトスタンドへホームランを放った。ベースを悠々と一周してホームに生還すると、ホームベース上にはジャイアンツの選手が待ち構え、まるでサヨナラホームランの生還シーンのようだった。この日の一本がベーブ・ルース以来MLB史上2人目となる、通算600号本塁打誕生の瞬間だった。

1970年7月18日、本拠地キャンドルスティック・パークでのモントリオール・エクスポス（現ワシントン・ナショナルズ）戦。3番中堅手でスタメン出場したメイズは、マイク・ウェゲナーからMLB史上10人目となる通算3000安打を記録。試合は中断され、往年の名投手カール・ハッベルや当時ナショナル・リーグ通算最多安打記録を保持していたスタン・ミュージアルが参加してセレモニーが行われた。

1973年8月17日、本拠地シェイ・スタジアムでのシンシナティ・レッズ戦。1972年5月12日にメッツへトレード移籍したメイズは、3番一塁手でスタメン出場。4回裏、ドン・ギャレットから右中間スタンドに着弾するホームランを記録。この一本が現役最後のホームランとなった。

22年間の現役生活で通算660本塁打、通算3283安打、通算1903打点、通算338盗塁。首位打者1回、ホームラン王4回、盗塁王4回、新人王、MVP2回、ゴールドグラブ賞12回。史上初の300本塁打／300盗塁。まさに「史上最強のコンプリートプレーヤー」に相応《ふさわ》しいキャリアを築き上げたメイズだった。

1979年に殿堂入りを果たし、背番号24はジャイアンツとメッツの永久欠番に指定されている。2000年代前半、アリゾナで行われたジャイアンツのスプリングトレーニングの取材に訪れた際に、よくメイズにお会いした。「30／30とか40／40とか、俺たちの時代には、そんなに価値観はなかったな。そんなに価値のある成績と知っていれば、現役時代に50／50を記録しておけばよかったよ。簡単な記録だ」と、豪快に笑い飛ばしながら、質問に気さくに答えてくれた。

メイズの才能を信じ、スーパースターに育て上げたレオ・ドローチャーは「もし、誰かが現れて、打率4割5分0厘を打ち、100盗塁を達成して、毎日、フィールドで奇跡を起こしたとしても、私はあなたの目を見て、ウィリー・メイズの方が優れていると言うだろう」という言葉を残している。徴兵されなければ……キャンドルスティック・パークの風がメイズのホームラン性の打球を邪魔しなければ……ベーブ・ルースの記録を最初に超えたのは、メイズだったのかも知れない。

ケン・グリフィー・ジュニア

「ザ・キッド」「史上最も美しいスイングを持つ男」と称されたケン・グリフィー・ジュニア。1969年11月21日、ペンシルベニア州の鉄鋼の街ドノラで生まれたジョージ・ケネス・グリフィー・ジュニア。その後、家族はオハイオ州シンシナティに引っ越した。

1973年8月25日に父グリフィー・シニアがシンシナティ・レッズでMLBデビューを飾った。グリフィーが3歳のときだった。

父シニアは可能な限り、息子をボールパークに連れていった。シンシナティ・レッズが1975年、1976年にワールドシリーズ連覇を達成したときには、どちらもクラブハウスの中で父親の歓喜の瞬間を見ていた。当時のレッズの本拠地リバーフロント・スタジアムのクラブハウスには、ピート・ローズやジョニー・ベンチなど、錚々《そうそう》たるメンバーが控えていた時代。そんな、クラブハウスがグリフィーの遊び場だった。そんな環境で育ったグリフィーは、当然のように野球で頭角を現し、リトルリーグ時代から常に注目を集める選手だった。

1982年、グリフィーが12歳のときに父シニアがヤンキースへ移籍。レッズ時代のようにボールパークに息子を連れて行ったシニアだが、環境の違いに愕然《がくぜん》とする。試合前に白人選手の子供は、父親と同じように打撃練習を行ったり、フィールド上を駆け回ったりして遊んでいたが、アフリカ系アメリカ人選手の子供は、ダグアウトからフィールドに出ることを禁止されていた。当時のヤンキースの監督は、「喧嘩《けんか》屋」の異名をとるビリー・マーティン。ある日の試合で大敗した後、クラブハウスで父親と帰宅するために待っていた子供達を強制的にクラブハウスの外に追い出したこともあった。

父シニアがヤンキースに在籍していた1986年まで、何度も差別的な扱いを受けたグリフィーは、「もし、野球選手になれたとしても、絶対にヤンキースのユニホームだけは着ない」と心に決めた。その件に関してグリフィーは後に「多感な時期だったから、忘れることは一生ない」と語っていた。

地元シンシナティのモーラー高校に進学したグリフィーは、アメリカンフットボールのワイドレシーバーとしても非凡な才能を発揮していた。アメリカンフットボールの名門校であるオクラホマ大学やミシガン大学などから、奨学金のオファーが届くほどだった。

一方、野球でも1987年に、全米高校野球最優秀選手賞を受賞するなど、全米屈指の選手へと成長していた。当時はアトランタ・ブレーブスでGMを務めていた、後の名将ボビー・コックスは「シンシナティのモーラー高校でケン・グリフィー・ジュニアを見たが、私の人生の中で最高の将来有望な選手だった」と語っていた。

迎えた1987年のドラフト。全体1位指名権を持っているのはシアトル・マリナーズ。前年ドラフトの1位で獲得した、高校生遊撃手パトリック・レノンを失敗だと感じていたマリナーズのフロント陣は、再び高校生を指名することに躊躇《ちゅうちょ》していた。また、グリフィーは性格や行動などを予測するために実施される心理テストで不合格。その検査結果はマリナーズ史上最悪だった。再検査を拒否していたグリフィーだったが、全体1位指名を望んでいたため、自宅で担当スカウト立ち会いのもと再検査を実施。結果は平均的な点数が記録された。そして、グリフィーと代理人のブライアン・ゴールドバーグが16万ドルの契約金に同意したために、シアトル・マリナーズは、全体1位でグリフィーを指名した。

契約後、グリフィーは1Aのベリンガム・マリナーズに配属され、54試合で打率3割1分3厘、14本塁打、40打点、13盗塁を記録。有名野球雑誌『ベースボール・アメリカ』が有望新人ランキング1位に選出するなど、順風満帆にスタートした野球人生に見えたが、グリフィーは心に大きな闇を抱えていた。

1988年1月、グリフィーは277錠のアスピリンを飲み込んで自殺を図った。

その後、恋人の母親に発見されたグリフィーは、車でオハイオ州マウントエアリーのプロビデンス病院の集中治療室に運ばれ、治療を受けて一命を取り留めた。ベリンガムで差別的な暴言を吐かれたり、拳銃《けんじゅう》を突きつけられたりしたこともあった。「私の生まれ故郷では、そのような扱いを受けたことはなかった」とグリフィーは訴えた。そして、「野球場ではみんなが僕を怒鳴っているように見えた。そして、家に帰るとみんなが僕を怒鳴っていました」「僕は鬱《うつ》になってしまった。生きたくなかった」と語った。集中治療室に駆けつけた父シニアは、労《いたわ》るどころか、息子を叱責《しっせき》し、親子喧嘩が始まった。

この一件をきっかけに、グリフィーは自宅を出て、一人暮らしを始めた。その後も口論は続いたが、グリフィー親子は、この事件をさかいに本当の絆《きずな》が深まっていったと両者ともに回顧している。

1988年、グリフィーは暗闇を抜けてフィールドに帰ってきた。マイナーの1Aと2Aで素晴らしい成績を残した。

1989年、グリフィーはメジャーのスプリングトレーニングに初招集された。精神的な安定を取り戻した19歳は、恐ろしいまでの活躍を見せた。スプリングトレーニングの試合で、打率3割5分9厘、2本塁打、21打点。そして、当時のマリナーズのスプリングトレーニング記録となる15試合連続安打をマーク。『ベースボール・アメリカ』誌は、1966年以降のドラフト1位選手の中で、ケン・グリフィー・ジュニアを歴代最高のドラフト1位指名に選出している。

スプリングトレーニングの最終盤。グリフィーは、日本のロッテオリオンズ（現千葉ロッテマリーンズ）で1973年から1976年までプレーし、1989年にシアトル・マリナーズの監督に就任したジム・ラフィーバーに監督室へ呼ばれた。ラフィーバーは「我がチームには苦労して今の地位をつかみ取ったベテランが数多くいる。難しい決断だ」などとグリフィーにマイナー降格を命じるような話を5分ほど続けた後、右手を差し出しながら「おめでとう、あなたは私のスタメン中堅手だ」と、茶目っ気たっぷりに開幕ロースター入りを伝えた。

4月1日、ラスベガスで開幕前最後の練習試合を行ったマリナーズ。グリフィーがクラブハウスに入ると、選手たちが「大型トレードが成立する」と話していた。その話は、1982年、1983年に連続MVP、1984年、1985年に連続ホームラン王を獲得した、アトランタ・ブレーブスの名中堅手デール・マーフィーが、トレードでマリナーズに移籍してくるという内容だった。このときのことをグリフィーは「チームは僕ではなく、新しい中堅手を起用するのだと思った」と話す。監督室に向かったグリフィーに対してラフィーバーは「クラブハウスで大型トレードの話を聞いたか」と言い放った。グリフィーは後に、そのときもラフィーバーは、長々と話を続けていたと回顧している。そして、話の最後に「今日の日付を知っているか？　今日はエイプリールフールだ」と種明かしをした。

1989年4月3日の開幕戦、敵地オークランド・コロシアムでのオークランド・アスレチックス戦。2番中堅手のスタメンでメジャーデビューを飾った19歳のグリフィー。「オークランドに到着したときから緊張していた」。

相手先発は黄金期を迎えていたアスレチックスの大エース、デーブ・スチュワート。第1打席、スチュワートが投じた2球目を弾《はじ》き返した打球は、あっという間に左中間を抜けていき、初打席初安打を記録した。試合後、当時のアスレチックス監督、名将トニー・ラルーサは、「あの若者は才能に溢《あふ》れている。近い将来、我々を脅かす存在になる」とコメントした。

1989年4月10日、本拠地キング・ドームでのホーム開幕戦。対戦相手はシカゴ・ホワイトソックス。2番中堅手でスタメン出場したグリフィーは、1回裏の第1打席にエリック・キングが投じた初球を強振。打球はレフトスタンドに飛び込むMLB第1号ホームランとなった。

その後も活躍を続けたグリフィーは、新人王候補の筆頭となった。しかし、7月25日に緊急事態が発生。遠征先シカゴのホテルでシャワー室から出た際に、転倒して右手を骨折してしまった。このアクシデントには後日談があり、真相は、恋人と喧嘩をしたグリフィーが怒りに任せてホテルの部屋の壁を殴りつけたときに骨折したものだった。この事実は、関係者全員が後日、認めた。精神的な成長の余地を残していたグリフィーに対して、当時のマリナーズのGMウディ・ウッドワードは「私がこれまで対峙《たいじ》して来た選手で、グリフィーが唯一、母親からの電話が必要な選手だった」と回顧している。

8月20日に戦列復帰を果たしたグリフィーだったが、長期欠場が響き新人王を取り逃してしまう。

1990年8月24日、父シニアがシンシナティ・レッズを解雇され、8月29日にシアトル・マリナーズと契約した。8月31日、本拠地キング・ドームでのカンザスシティ・ロイヤルズ戦。2番左翼手で父シニア、3番中堅手で息子ジュニアがともにスタメン出場。MLB史上初となる親子でのスタメン出場を果した。

しかし、グリフィー親子のすごさはここで終わらず、1回裏に父シニアがセンター前ヒットを記録すると、ジュニアがライト前ヒットで続いた。もちろん、親子連続安打もMLB史上初である。

その後も親子出場は続き、9月14日、敵地アナハイム・スタジアムでのカリフォルニア（現ロサンゼルス）・エンゼルス戦で親子共演のクライマックスを迎えた。

2番左翼手シニア、3番中堅手ジュニアでスタメン出場。

1回表の第1打席でシニアが0ボール2ストライクからカーク・マッカスキルが投じた4球目をとらえて、左中間スタンドに突き刺さるホームランを記録。ホームベースで父を迎える息子。父は、そのときの息子の目を見て「狙うつもりだな」と思ったと回顧している。

ジュニアは3ボール0ストライクの場面で、三塁ベースコーチから打ってよしのサインが送られた。マッカスキルが投じた球を強振すると、打球は高々とレフト方向へ舞い上がり、フェンスを越えていった。MLB史上初の親子2者連続ホームランを記録した。

「そろそろ、その時期だ」と語り1991年6月に引退したシニア。その間、親子スタメン試合は51回を数える。ジュニアは初めて親子で出場した試合後、「なんだか泣きそうになった。小さい頃、裏庭で父親とキャッチボールをしているような感覚だった」と振り返っている。

シニア獲得は、ジュニアの様々な面での成長を促すためだった。その思惑通りにジュニアは、生意気な少年から、年長者を尊敬する落ち着いた青年へと成長していった。

1990年にオールスターに初選出され、ゴールドグラブ賞も初めて受賞した。翌1991年にシルバースラッガー賞を初受賞して以降は、オールスター、ゴールドグラブ、シルバースラッガー受賞がグリフィーの3点セットになった。

1993年7月20日、敵地ヤンキー・スタジアムでのニューヨーク・ヤンキース戦で、8回表に第23号本塁打を記録。21日のヤンキース戦で第24号本塁打を放ち、22日、敵地クリーブランド・スタジアムでのインディアンズ（現ガーディアンズ）戦で3戦連発を記録した。

7月27日、本拠地キング・ドームでのミネソタ・ツインズ戦で3回裏に第29号本塁打、翌日のツインズ戦で7回裏に第30号本塁打を放った。これで、MLB記録に並ぶ8試合連続本塁打を達成。7月29日、本拠地キング・ドームには、グリフィーの記録更新の瞬間を見ようと4万5607人のファンが詰めかけた。

3番中堅手で出場したグリフィーは、第1打席にライト前ヒットを記録。第2打席は二塁打、第3打席はセカンドゴロ。第4打席はセカンドフライ。この打席が最終打席となり、ファンの大きなため息とともにグリフィーの記録更新は幻と消えた。

デビュー直後に「40本のホームランを打つことなどできない」と語っていたグリフィーだが、この年、マリナーズ史上初の40本塁打を記録。最終的には45本塁打まで到達した。

1994年、グリフィーは開幕からホームランを量産した。

6月17日、敵地カウフマン・スタジアムでのカンザスシティ・ロイヤルズ戦。3番中堅手でスタメン出場したグリフィーは、3回表に名投手デビッド・コーンから右中間スタンドに突き刺さる第30号本塁打を記録。ベーブ・ルースが保持する、6月末時点での30本塁打の記録に早くも並んだ。そして、22日のエンゼルス戦で第31号ホームランを記録し、ルース超えを果たした。さらに24日のホワイトソックス戦で第32号本塁打を記録し、6月末時点での最多本塁打記録を32本まで伸ばした。

ちなみに、2022年にアメリカン・リーグのホームラン記録を樹立したアーロン・ジャッジは6月末時点で29本、2023年の大谷は30本だった。グリフィーの記録はその後、1998年のマーク・マグワイア、サミー・ソーサに抜かれ、さらに2001年にバリー・ボンズが6月末時点で39本塁打を記録して、大幅に更新された。

8月11日のオークランド・アスレチックス戦で第40号本塁打を記録したが、翌日からMLBは悪夢のストライキに突入し、シーズンは打ち切られた。111試合で40本塁打。果たしてストライキがなければ、グリフィーはどこまで記録を伸ばしたのか？　その答えが導き出されることはない。

1996年5月21日、敵地フェンフェイ・パークでのボストン・レッドソックス戦。3番中堅手でスタメン出場したグリフィーは、4回表にボーン・エシェルマンから右中間スタンド中段に着弾する通算200号本塁打を記録。

1998年9月25日、本拠地キング・ドームでのテキサス・レンジャーズ戦。3番中堅手でスタメン出場したグリフィーは、6回裏にエリック・ガンダーソンからライトスタンド上段に突き刺さる通算350号本塁打を、MLB史上最年少で達成。さらにこの年は、ウィリー・メイズ、ブレイディ・アンダーソン以来、史上3人目となる50本塁打／20盗塁も記録している。

2000年2月10日、シンシナティ・レッズへトレード移籍。レッズでは父シニアが付けていた背番号30でプレー。4月10日、敵地クアーズ・フィールドでのコロラド・ロッキーズ戦。3番中堅手でスタメン出場したグリフィーは、4回表にローランド・アローヨから当時史上最年少となる30歳4ヶ月で通算400号本塁打を記録。

2004年6月20日の父の日、敵地ブッシュ・スタジアムでのセントルイス・カージナルス戦。4番中堅手でスタメン出場したグリフィーは、スタンドで父シニアが見つめる中、6回表にマット・モリスから、MLB史上20人目となる通算500号本塁打を記録した。

2008年6月9日、敵地ドルフィン・スタジアムでのフロリダ・マーリンズ戦。3番右翼手でスタメン出場したグリフィーは、1回表にマーク・ヘンドリクソンからMLB史上6人目となる通算600号本塁打を達成。

とはいえ、シンシナティ・レッズ移籍後は、度重なる故障にも悩まされパフォーマンスが低下していた。それもあり、2008年7月31日にシカゴ・ホワイトソックスへトレード移籍している。

シーズン後、FAとなったグリフィーは、アトランタ・ブレーブスが提示した契約を受け入れるつもりだったが、ウィリー・メイズと13歳の娘タリンがシアトル・マリナーズへの復帰を強く要望していた。その結果、グリフィーはマリナーズ復帰を決断した。

2009年にチームメイトになったイチローは「彼のユーモアと存在感は、彼にしかできない。誰もが彼を選手として天才だと感じているが、普段の彼も天才」と語っていた。

2009年10月3日、本拠地セーフコ・フィールドでのテキサス・レンジャーズ戦。4番指名打者でスタメン出場したグリフィーは、4回裏にトミー・ハンターからライトスタンドに飛び込むシーズン第19号本塁打を記録。この一本が最後のホームランとなった。

2010年5月10日、グリフィーが試合中に居眠りをしているという悪意ある報道が流された。出場機会が激減したグリフィーは、6月2日に静かに荷物をまとめてボールパークを去っていった。その後、チームから「フィールド上では、まだ貢献できると感じています。ただ、自分が邪魔者になることは決して許されない」とのコメントが発表された。

22年間の現役生活で630本塁打、2781安打、1836打点を記録。MVP1回、本塁打王4回、打点王1回、ゴールドグラブ賞10回獲得。オールスター選出13回、オールスター投票1位×5回は史上最多である。

2016年に当時最高得票率となる99・3%で殿堂入りを果たし、背番号24はマリナーズの永久欠番に指定された。

あの愛くるしい笑顔と美しいスイングからは想像できない闇を抱えていたグリフィー。その闇と戦い、勝利したグリフィーは、記憶にも記録にも名を残す名選手となった。

第5章

ホームランに取り憑かれた男たち

光が強ければ影も濃い

ベーブ・ルースは、ホームランを「野球の華」へと昇華させた。

ハンク・アーロンは、ホームランで人々に勇気を与えた。

ウィリー・メイズは、ホームランでアスリートの素晴らしさを披露した。

ケン・グリフィー・ジュニアは、ホームランで親子と家族の絆《きずな》の大切さを伝えた。

そして、大谷翔平は、ホームランで無限大に広がる可能性を証明している。


ホームランには、ファンを魅了する沢山の魅力が詰まっている。

スラッガー本人にとっても、ホームランは特別なのである。

ウィリー・メイズは　ボールを遠くに飛ばす能力は、野球の神様から与えられた特別な「ギフト」だと語った。日々のトレーニングを積めば、誰でもシーズン50本塁打、60本塁打が打てるわけではない。見えない壁を越えてホームランを量産するためには、「ギフト」が必要なのだ。

一方で、見えない壁を越えるだけの「ギフト」を授かりながら、ホームランの魔力に取り憑《つ》かれてしまった選手たちもいる。過剰に結果を追い求めるあまり、禁断の果実に手を出し、ダークサイドに堕《お》ちていった選手も……。

野球界で初めて、「パフォーマンス向上のために薬物を使用した」とされている人物は、1889年に生理学者で医師だったブラウン・セカールが、猿の睾丸《こうがん》から抽出したテストステロン（男性ホルモンに近い物質）を調合した経口薬を飲んでプレーした、パド・ガルビンだといわれている。1875年から1892年までプレーしたガルビンは、投手として通算365勝を記録。ガルビンがテストステロンを含む経口薬を使用していたことは、当時から新聞などで報道されていたが、話題にも使用禁止にもならなかった。その後、第二次世界大戦中にアメリカ軍が兵士に「アンフェタミン（覚醒《かくせい》剤の一種）」を配布。終戦後、退役した人々がスポーツ界で「アンフェタミン」の使用を広めていった。

MLBでは、1960年代以降、「アンフェタミン」や「ステロイド（筋肉増強剤）」の使用が広がりを見せていった。

１９７０年代は、「アンフェタミン」が中心で、「ステロイド」を使用する選手は多くなかったが、１９８０年代後半から１９９０年代に入ると「ステロイド」を使用する選手が増加。１９８８年に薬物乱用防止法がアメリカ議会で可決され、アナボリックステロイドが麻薬のコカインなどと同様に禁止薬物に指定される。

ＭＬＢでは１９９１年に全チームに対して「医師の許可なく、ステロイドを使用することは禁止する」という書簡を送っているが、２００３年まで、選手に対してステロイド使用に関する検査は実施されなかった。この１９８０年代後半から２０００年代初頭までを、メディアやファンは「ステロイド時代」と呼んでいる。

マーク・マグワイア&サミー・ソーサ「ホームラン狂想曲」

１９９４年から１９９５年にかけて実施された「悪夢のストライキ」の後、野茂《のも》英雄《ひでお》の「トルネード旋風」が巻き起こり、ボールパークから離れていったファンが戻ってきたが、その流れを確実なものにしたのが、１９９８年のマーク・マグワイアとサミー・ソーサによる歴史的な「ホームラン狂想曲」である。

マグワイアは、1986年にオークランド・アスレチックスでMLBデビューを果たし、新人王有資格者として臨んだ1987年に、当時の新人最多記録となる49本塁打をマークして満票で新人王を獲得した。ホセ・カンセコと形成する通称「バッシュ・ブラザーズ」は相手チームから恐れられ、ファンから愛された。

1996年に52本塁打を記録して、自身2度目のホームラン王を獲得している。

ソーサは、1989年にテキサス・レンジャーズでMLBデビューを果たした。

その後、トレードでシカゴ・ホワイトソックスに移籍。

さらに、1992年3月30日にトレードでシカゴ・カブスへ移籍した。

当時は、細身でスピードがある中距離ヒッターで、1993年には33本塁打、36盗塁を記録して、カブス史上初となる30本塁打／30盗塁を達成している。1996年にマークした40本塁打が、それまでのキャリアハイだった。

マグワイアは、1997年7月31日に、セントルイス・カージナルスへトレード移籍。

翌1998年、マグワイアは開幕から4試合連続ホームランを記録。その後もペースは落ちずに、5月末時点で27本塁打に到達していた。

一方、ソーサは13本塁打。この時点では、19本塁打を記録していたケン・グリフィー・ジュニアが、マグワイアの後につけていた状態だった。

しかし、6月に入ると展開は一変する。6月1日のフロリダ（現マイアミ）・マーリンズ戦で、ソーサが1試合2本塁打を記録。6月1日から6月8日にかけてソーサは7本塁打を放ち第20号に到達した。この時点でマグワイアは29本塁打。

ソーサのペースはさらに上がり、6月15日のミルウォーキー・ブルワーズ戦で1試合3本塁打、6月19、20日のフィラデルフィア・フィリーズ戦で2試合連続2本塁打をマークするなど、月間記録となる20本塁打を量産した。

6月末時点で、マグワイア37本塁打、ソーサ33本塁打、グリフィー33本塁打という展開だった。

その後もホームラン王争いは続き、8月末時点でマグワイアとソーサが55本塁打を打ち、並んでいた。この時点で47本塁打だったグリフィーは脱落。2人のペースは、当時のシーズン本塁打記録保持者ロジャー・マリスの61本を超える65本ペースとなっていた。

9月に入り、最初にペースを上げたのはマグワイアだった。9月最初の2試合で4本塁打を記録。その後、9月5日の本拠地ブッシュ・スタジアムでのシンシナティ・レッズ戦で、1回裏にデニス・レイエスから第60号ホームランをマークした。

9月7日、本拠地ブッシュ・スタジアムでのシカゴ・カブス戦。マグワイアは3番一塁手でスタメン出場。対するソーサは4番右翼手でスタメン出場。

1回裏に、マグワイアがマイク・モーガンから第61号本塁打を記録。この時点でソーサは58本塁打だった。


そして、迎えた翌8日、前日と同じカブス戦。スタンドにはロジャー・マリスの親族が招待され、試合は全国放送された。1回裏、マグワイアの第1打席はショートゴロに倒れた。4回裏に回ってきた第2打席。スティーブ・トラクセルが投じた初球を強振したマグワイアの打球は、低い弾道でレフト方向へ飛び、フェンスを越えた。推定飛距離104メートルは、1998年にマグワイアが打った最短飛距離のホームランとなった。

ロジャー・マリスの記録を超えた後も両選手の争いは続き、9月25日の試合前の時点ではソーサ65本塁打、マグワイア65本塁打で並んでいた。しかし、マグワイアがその25日から3試合で5本の固め打ちを見せて再びリード。世紀の「ホームラン狂想曲」は、マグワイア70本塁打、ソーサ66本塁打で終演を迎えたのだった。

バリー・ボンズの逆襲

マグワイアとソーサの、全米を巻き込んだ「ホームラン狂想曲」に複雑な思いを抱いていたのが、サンフランシスコ・ジャイアンツのバリー・ボンズだ。

1964年7月24日、カリフォルニア州リバーサイドで、当時マイナーでプレーしていた父ボビーと母パトリシアの間に誕生したバリー・ラマー・ボンズ。運動神経抜群で高校時代は、野球、バスケットボール、アメリカンフットボールで優秀な成績を収めていた。

1982年のドラフトでジャイアンツから2位指名を受けるが、契約交渉が難航して破談に。大学球界の超名門アリゾナ州立大に進学した。1年生から大活躍を見せたボンズだが、チームメイトとは不仲だったと言われ、コーチを務めていたジム・ブロックは「ボンズは自己中心的で、チームメイトを思いやる気持ちがなかった」と回顧している。

1985年のドラフトでピッツバーグ・パイレーツの1位指名を受けてプロ入り。

1986年5月30日、本拠地スリーリバー・スタジアムでのロサンゼルス・ドジャース戦で、1番中堅手でスタメン出場しMLBデビューを飾った。

6月4日、敵地フルトン・カウンティ・スタジアムでのアトランタ・ブレーブス戦。1番中堅手でスタメン出場したボンズは、5回表にクレイグ・マクマートリからMLB第1号本塁打を記録した。

オールスターに初選出された1990年に、打率3割0分1厘、33本塁打、114打点、52盗塁で、自身初となるMVP、ゴールドグラブ賞、シルバースラッガー賞を獲得。

翌年もMVP級の活躍を見せたが、MVP投票ではブレーブスのテリー・ペンドルトンに次ぐ2位だった。

1992年は打率3割1分1厘、34本塁打、103打点、39盗塁でMVPを奪還。

同年12月8日、当時史上最高額となる6年4375万ドルでサンフランシスコ・ジャイアンツと契約を結んだ。

１９９３年、46本塁打、１２３打点を記録して二冠王を獲得。２年連続自身３度目のＭＶＰ受賞。ちなみにボンズのホームラン王獲得は、意外にもこの年と２００１年の２回しかない。

１９９６年に42本塁打、40盗塁を記録。１９８８年にホセ・カンセコが記録して以来、史上２人目となる40本塁打／40盗塁を達成した。

そしてボンズは、ウィリー・メイズ、父ボビー、アンドレ・ドーソン以来、ＭＬＢ史上４人目となる通算３００本塁打／３００盗塁も達成。ボンズの名付け親であるウィリー・メイズ同様に、走攻守の三拍子揃《そろ》った「コンプリートプレーヤー」としての地位を確立した。

１９９８年８月23日、敵地プロプレーヤー・スタジアムでのフロリダ・マーリンズ戦で、３番左翼手でスタメン出場したボンズは、３回表にカート・オジャラから通算４００号本塁打を記録。ＭＬＢ史上初となる通算４００本塁打／４００盗塁を記録した選手が誕生した瞬間だった。

しかし、全米が注目していたのはボンズの偉業ではなく、マグワイアとソーサの「ホームラン狂想曲」だった。このとき、ボンズの心にダークサイドの黒い影が忍び寄ってきていた。

2001年4月17日、本拠地パシフィックベル・パークでのロサンゼルス・ドジャース戦でボンズは、8回裏にテリー・アダムスから通算500号本塁打を記録。その後も驚異的なペースでホームランを量産したボンズは、8月末時点で57本塁打に到達した。1998年の同時期のマグワイアは55本塁打だった。

10月4日のアストロズ戦で、ボンズはマグワイアの70本塁打に並んだ。

翌5日、本拠地パシフィックベル・パークでのロサンゼルス・ドジャース戦。3番左翼手でスタメン出場したボンズは、1回裏の第1打席で相手先発の朴賛浩《パクチャンホ》から、新記録となる第71号本塁打を記録。さらに、3回裏の第2打席で同じく朴賛浩から2打席連続となる第72号本塁打を放った。

2001年は、最終的に打率3割2分8厘、73本塁打、137打点、13盗塁。さらに、ともにベーブ・ルースが記録を保持していた四球と長打率も、177個、8割6分3厘を残し更新した（四球は2002年に198個、2004年に232個をマークし自身がさらに更新）。MLB史上最多となる4度目のMVPも獲得している。

ボンズが望み、欲していた、「自分だけにスポットライトが当たり続けるシーズン」はこうして終わった。

次々に明らかになる禁止薬物使用の事実

2003年、栄養補助食品会社「バルコ」が、ドーピング検査を掻《か》い潜《くぐ》ることができる、禁止薬物入りの補助食品をアスリートに提供していた事実が発覚。MLBではバリー・ボンズを含む5選手に提供されたとの報道があった。

このスキャンダルがどんどん飛び火していく中、2005年2月にホセ・カンセコが、自身の禁止薬物使用とMLBに蔓延《まんえん》する薬物問題を赤裸々に語った自伝『ジュースド』を発表。禁止薬物を使用した選手として、マグワイアやラファエル・パルメイロなどの実名が掲載されていた。事態を重く見たアメリカ議会は、2005年3月17日に、ステロイド疑惑について下院公聴会を開き、カンセコ、マグワイア、ソーサ、カート・シリング、アレックス・ロドリゲスらを召喚した。

後にマグワイアは、「愚かな過ちだった。絶対にステロイドに手を出さなければよかった。心から謝罪する」と話している。

その後、2006年3月23日に、ジャイアンツの地元新聞、サンフランシスコ・クロニクル紙の記者の共著『ゲーム・オブ・シャドウ』が発売された。この本ではバリー・ボンズが1998年から禁止薬物の使用を開始したことや、使用した薬物の詳細なリストなどが暴露されている。そして、禁止薬物を使用した理由として、「自分こそが最高の野球選手であり、ホームランしか打たない選手が過剰評価されている現状が許せなかった」と掲載。


一連の騒動の後、MLB機構は次々と禁止薬物使用ルールを厳格化して検査システムを強化し、罰則も重くしていった。その後、ステロイド問題は沈静化していったが、2013年1月22日に、フロリダ州コーラルゲーブズにある小さなアンチエイジング専門医院「バイオジェネシス・オブ・アメリカ」を震源地とした、「バイオジェネシス・スキャンダル」が明るみに出た。

2012年に行われた禁止薬物検査で陽性反応が示され、出場停止処分になったメルキー・カブレラなど、複数人の選手に禁止薬を提供していたのが、「バイオジェネシス・オブ・アメリカ」だったことが発覚。報道後、MLB機構は独自調査に乗り出し、13選手に禁止薬物が販売されていた事実を突き止めた。その中には、MVP受賞者のライアン・ブラウンやスーパースターのアレックス・ロドリゲスが含まれていた。

疑惑の目を向けられる中、プレーを続けたボンズは、2003年に史上初となる通算500本塁打／500盗塁を達成。2001年から4年連続でMVPを獲得している。

2007年8月7日、本拠地AT&T・パークでのワシントン・ナショナルズ戦。4番左翼手でスタメン出場したバリー・ボンズは、5回裏に3ボール2ストライクからマイク・バシックが投じたボールを強振。打球は右中間方向へ舞い上がり、フェンスを越えていった。ハンク・アーロンを超える通算756号本塁打だった。

4万3154人がスタンディングオベーションでボンズを讃《たた》える中、ボールパークのスクリーンに登場したハンク・アーロンは「バリー・ボンズがホームラン記録を更新したことを祝福します。これは、スキル、長い現役生活、そして、揺るぎない決意が必要な偉業です。過去1世紀を通じて、ホームランは野球において特別な位置を占めています。私はそのうち33年間、この記録を保持することに恵まれました。この歴史的偉業についてバリーと彼の家族に心からのお祈りを捧《ささ》げます。1974年のあの4月の夜と同じように、今日の私の願いは、この記録の達成が、他の人たちに自分の夢を追い求める動機を与えることです」とビデオメッセージを送った。

ボンズの禁止薬物使用疑惑が消えない状況で、アーロンはボンズに対して嫌悪感を抱き、記録更新が迫っても、ボールパークに赴いて現場で見届けることを拒否していただけに、サプライズ演出となった。

2007年9月5日、敵地クアーズ・フィールドでのコロラド・ロッキーズ戦。4番左翼手でスタメン出場したボンズは、1回表の第1打席でウバルド・ヒメネスからレフトスタンドに突き刺さる2ランホームランを記録。この一本が通算762号、バリー・ボンズが放った最後のホームランとなった。

22年間の現役生活で762本塁打、1996打点、2935安打、514盗塁、ホームラン同様にMLB記録となる通算2558四球。史上最多となる7度のMVP受賞。

2018年8月11日、背番号25がジャイアンツの永久欠番に指定された。

2013年に殿堂入り有資格1年目を迎えたが、権利が有効な10年間で殿堂入りを果たすことはできなかった。全米野球記者協会委員の投票で75%の得票率を獲得できれば殿堂入りだが、ボンズは有資格最終年の2022年に66%の票を集めたのが最高だった。

史上最多となるサイ・ヤング賞7回獲得。歴代3位の4672奪三振、歴代9位の354勝を記録したロジャー・クレメンス。そして史上4人目となる通算3000安打/500本塁打を記録したラファエル・パルメイロも、禁止薬物使用疑惑のために殿堂入りを逃している。3000安打以上を記録して殿堂入りを果たしていないのは、野球賭博《とばく》で永久追放処分を受けているピート・ローズとパルメイロの2人しかいない。

今後は、通算3115安打、史上最年少で600本塁打を記録して、通算696本のホームランを放ったアレックス・ロドリゲスが、殿堂入りの有効期間中にどのような投票結果の推移を見せるかに注目が集まっている。

バリー・ボンズもロジャー・クレメンスも、デビュー当時のクリーンな状態でのプレーを知っているだけに、悪魔の果実を手にしなくても、殿堂入りに相応《ふさわ》しい活躍ができたはずだ。彼らがダークサイドに堕ちた時点では、彼らが手を染めた悪魔の果実は合法だったと擁護する意見もあるが、殿堂入りを果たせていないことが、唯一の現実なのだ。

第6章

ホームランと年俸の関係性

ホームランを打てば年俸が上がる

ファンを魅了するホームラン。

そして、ホームランは選手を豊かにする。

「ソサエティー・フォー・アメリカン・ベースボール・リサーチ」通称ＳＡＢＲを参考に各年代の最高年俸選手を調べてみると、ホームランで時代を彩った名選手が、地位と名誉と豊かな生活を手にしていた事実がわかる（注　１９２０年以前は正確な資料が少なく、各媒体で誤差が生じていることをご了承いただきたい）。

ベーブ・ルースが登場する以前の「デッドボール時代」は、デトロイト・タイガースのタイ・カッブや、フィラデルフィア（現オークランド）・アスレチックスのナップ・ラジョイがスーパースターの時代。１９０１年に近代野球史上初となる三冠王を獲得したラジョイは、１９０６年に当時の最高年俸となる８５００ドルで契約。当時のアメリカ人の平均年収は６００ドルの時代だった。１９０９年まではラジョイが最高年俸選手として君臨。

1910年にカッブがラジョイと同額の年俸9000ドルで並ぶ。

1912年は、通算3420安打、723盗塁を記録して「史上最高の遊撃手」と称されたピッツバーグ・パイレーツのホーナス・ワグナーを含む4選手が史上初めて年俸1万ドルで契約している。

さらに1916年には、カッブが初の年俸2万ドルの選手となり、1919年まで最高年俸選手として君臨した。この頃、ベーブ・ルースがホームランを量産し、時代は、「ライブボール時代」に突入していく。

1920年は年俸2万ドルでカッブ、ルース、そして通算二塁打でMLB歴代最多の792本を記録したクリーブランド・インディアンズ（現ガーディアンズ）のトリス・スピーカーの3選手が1位。

1922年にルースが年俸5万2000ドルで初めて単独首位に立つと、以降は年俸の世界でもルースの独壇場となった。ルースは1934年まで13年連続年俸最高年俸選手として君臨。1930年と1931年の年俸8万ドルが、ルースの最高年俸だった。

ルースが初めて年俸8万ドルで契約したシーズンで、ルースに次ぐ高額年俸をもらっていたのは、年俸3万3000ドルのハック・ウィルソン。アメリカ人の平均年収が1000ドル程度の時代だ。このときのルースの年俸がいかに異常だったかは、1935年に最高年俸になったルー・ゲーリッグが、3万1000ドルだったことでわかるだろう。

ルースを超える年俸を記録したのは、1949年に年俸10万ドルでプレーしたジョー・ディマジオだ。1950年代は、1952年からテッド・ウィリアムスが5年連続で最高年俸選手となった。ウィリアムスの最高年俸額は8万5000ドルだった。

1956年、1957年はニューヨーク・ヤンキースの名捕手ヨギ・ベラ。ベラの最高年俸は1957年の6万5000ドル。

1958年はミッキー・マントルの6万5000ドル。

1959年に最高年俸選手になったのが、7万5000ドルのウィリー・メイズ。

1963年には、当時のMLB史上最高額となるメイズの年俸10万5000ドル。

1966年は、伝説の左腕サンディー・コーファックスが、当時、投手史上最高額となる13万ドルの年俸を手にして首位。

1969年にメイズが再び記録を更新する年俸13万5000ドルで契約。

ベーブ・ルースは、単独で最高年俸選手の座に13回君臨したが、メイズは10回だった。単独で最高年俸ランキング1位の座を2桁《けた》回数記録したのは、この時点で2人だけだった。その後、アレックス・ロドリゲスが11回で加わり、現時点ではMLB史上3人しかいない。

1971年は、1967年に三冠王を獲得したカール・ヤストレムスキーが16万7000ドルでトップ。

1973年は、1972年と1974年にホームラン王を獲得、通算351本塁打を記録したディック・アレンが初の年俸20万ドル選手になった。

1975年と76年は、ともに年俸24万ドルでハンク・アーロンがトップ。しかし、アーロンが最高年俸選手になったのは、この2年間のみ。1980年は、27年間の現役生活で、MLB歴代最多となる5714奪三振とノーヒット・ノーラン7回を記録したノーラン・ライアンがMLB史上初となる年俸100万ドルでトップ。

1982年からは4年連続で、史上最強三塁手と称されるマイク・シュミットがトップ。シュミットの最高年俸は、史上初めて200万ドル超えを果たした1985年の209万6967ドル。

シュミット以降の80年代は、ジム・ライス、オジー・スミス、オーレル・ハーシュハイザー、フランク・バイオーラなど、時代を彩った名選手、名投手が名を連ねた。

1990年は、通算3142安打、MVP2回獲得のロビン・ヨーントが初の300万ドル超えを果たす年俸320万ドルでトップ。

1991年はダリル・ストロベリーの380万ドル。

1991年12月2日、ボビー・ボニーヤがニューヨーク・メッツと当時史上最高額となる5年2900万ドルで契約。この契約が年俸の水準を一気に押し上げた。

1992年、ボニーヤは前年ストロベリーが記録した史上最高年俸380万ドルを遥《はる》かに超える年俸610万ドルを手にした。

1995年にホームランと打点の二冠王に輝いたアルバート・ベルが、1997年にMLB史上初となる年俸1000万ドルの選手になった。

2001年1月26日、アレックス・ロドリゲスがテキサス・レンジャーズと10年2億5200万ドルの超大型契約を結び、最高年俸選手に長らく君臨。

その後、2014年はザック・グリンキーの2800万ドル、2015年から2017年までは3年連続でクレイトン・カーショー。カーショーの最高年俸額は3300万ドルだった。

2018年はマイク・トラウトの3408万3333ドル。

2019年3月20日にトラウトは、ロサンゼルス・エンゼルスと当時北米4大スポーツ史上最高額となる12年4億2650万ドルで契約。

2019年は、スティーブン・ストラスバーグの3833万3333ドル。

2020年はマイク・トラウトの3766万6666ドル。

2021年もトラウトの3711万6667ドル。

2022年はマックス・シャーザーの4333万3333ドル。

2023年はシャーザーとジャスティン・バーランダーの4333万3333ドルが最高年俸だった。

近年、先発投手が最高年俸選手になるケースが増えてきたものの、それでもやはり圧倒的に野手が最高年俸選手になることが多い。

各ポジション別の歴代最高年俸選手は、次の通り。

先発投手　シャーザー&バーランダー　4333万3333ドル
救援投手　エドウィン・ディアス　2040万ドル
指名打者　大谷翔平　3000万ドル
捕手　J・T・リアルミュート　2387万5000ドル
一塁手　ミゲル・カブレラ　3200万ドル
二塁手　ロビンソン・カノ　2400万ドル
遊撃手　カルロス・コレア　3510万ドル
三塁手　アンソニー・レンドン　3857万1428ドル
外野手　アーロン・ジャッジ　4000万ドル
(注　年俸総額を契約年数で割ったもの)

契約の総額では、トラウトの4億2650万ドル、ムーキー・ベッツの3億6500万ドル、ジャッジの3億6000万ドルが上位3人である。

ただ、ここで紹介した高額年俸の選手たちだが、２０２３年12月12日にすべてが塗り替えられた。大谷翔平がロサンゼルス・ドジャースと10年7億ドルの契約に合意。名実ともに大谷がＭＬＢの頂点に立った瞬間だった。

今後数年で、大谷以上の契約を結ぶ選手の出現は考えられないので、契約をまっとうした暁には、ベーブ・ルース、ウィリー・メイズ、アレックス・ロドリゲスに次ぐ、最高年俸選手の地位を10回以上記録した、史上４人目の選手になるだろう。

超大型契約と同時に年俸総額に対して97％が契約終了後の２０３４年から２０４３年にかけて後払いされるという内容にも驚かされた。契約終了後、毎年7月1日に後払い金が振り込まれる。２０２２年3月10日に改定され締結した新労使協定では、年俸の後払いに関する規定は設けられておらず、大谷の97％後払いは問題ではない。２０２６年に失効する現在の労使協定だが、２０２７年に施行される次の労使協定には、後払いの割合や年数などの新しいルールが設けられることになるだろう。

おわりに　大谷翔平「MLB第2章」の幕開け

2023年、大谷翔平は日本人初となるホームラン王獲得の偉業を達成した。ホームラン王獲得以外でも、MLB史上初となる「2年連続2桁《けた》勝利2桁本塁打」「シーズン10勝＋40本塁打」「ダブルヘッダーで完封＋1試合2本塁打」「複数回のMVP満票受賞」「3度目のシーズン100安打＋100奪三振」「2度目のシーズン40本塁打＋150奪三振」を達成している。さらに、ベーブ・ルース以来、MLB史上2人目となる通算100本塁打＋通算500奪三振にも到達した。

大谷がMVPを初受賞した2021年。投手として覚醒《かくせい》を遂げ、MLB史上初となる投手と打者両方で規定投球回数、規定打席をクリアした2022年。大谷に残された事象はないと思われていたが、次から次へと新たな記録を樹立し続けている。

大谷は「40本塁打を打てれば、いいと言われると聞きました。僕はその予想を超えられると思ってトライしていきます」。まさに限界知らずの青天井で逞《たくま》しかった。

ストーブリーグでは、全世界を巻き込んだ「大谷FA狂想曲」が巻き起こり、自身の「勝ちたい」という強い気持ちに従い、大谷はロサンゼルス・ドジャース入りを決めた。

二刀流でMLBのフィールドの中の常識を打ち破ってきた大谷は、契約というフィールド外の常識や価値観も打ち破った。

日本人記者を除くと、番記者が3人程度の牧歌的なエンゼルスで二刀流を研ぎ澄ましてきた大谷だが、新天地ドジャースは、常に多くの記者、カメラマン、テレビクルーがクラブハウスで待ち構えるチームで、街に出れば世界有数のパパラッチ集団が待ち構えている。静かな環境を好むといわれている大谷だが、新天地は真逆の世界。

フィールドの中で起こる事象に対しては、抜群の適応力と対応力を発揮して対処してきた大谷だが、果たしてフィールドの外で待ち構える想像を超える事象に対して、どこまで対応できるのか。ドジャースでの成功の鍵《かぎ》は、フィールドの外にあるのかもしれない。

アメリカで育った野球少年は、裏庭で野球を始め、そのときに「ワールドシリーズ第7

戦、9回裏、サヨナラホームラン」を自分が打つことを必ず想像する。今の大谷も全米の野球少年と同じようにそのシーンを想像しているに違いない。ワールドシリーズ制覇が唯一にして、最大のテーマであるドジャースの一員になったからには、大谷の力で、10年の契約期間中にヤンキースのデレク・ジーターのように、最低でも5個のチャンピオンリングを獲得して欲しい。

2024年は打者に専念し、2025年のシーズン中に二刀流完全復活を目指す大谷。大谷翔平の「MLB第2章」が幕を開ける。

野球の神様へ。

どうか大谷翔平の身体をお守りください。

AKI猪瀬

2024年3月

主な参考文献

伊東一雄『メジャー・リーグ紳士録』ベースボール・マガジン社、１９９７年

伊東一雄『メジャーリーグこそ我が人生』産経新聞ニュースサービス、２００３年

福島良一監修『大谷翔平 全本塁打パーフェクトデータブック ２０２３年版』宝島社、２０２３年

ベースボールマガジン編集部編『週刊ベースボール １９８３年10／８増刊号 米大リーグ１００人の群像』ベースボール・マガジン社、１９８３年

『メジャーリーグ総括ＢＯＯＫ ２０２３ 大谷翔平 歴史を塗り替えた二刀流』コスミック出版、２０２３年

『メジャー・リーグのすべてがわかる アメリカン・ベースボール 伝説の男たちの記録』日経ナショナルジオグラフィック社、２００２年

『ＳＬＵＧＧＥＲ ２０２３年11月号増刊 大谷翔平 ２０２３シーズン総集編』日本スポーツ企画出版社、２０２３年

Editors of Sports Illustrated, *Sports Illustrated the Baseball Book*, Time Home Entertainment, Inc., 2006

Jose Canseco, *JUICED*, Regan Books, 2005

Mark Fainaru-Wada and Lance Williams, *Game of Shadows*, Gotham Books, 2006

Ron Smith, *Baseball's 100 Greatest Players: Second Edition*, Sporting News, 2005

James S. Hirsch, *Willie Mays*, Scribner, 2010

写真提供　ｉＳｔｏｃｋ、共同通信社、ＵＳＡトゥデー・ロイター＝共同
制作協力　ブルックリン・ハイツ
ブックデザイン　出田 一、松坂 健（ＴｗｏＴｈｒｅｅ）

本書は書き下ろしです。

本文中にある「ニグロ」は、当時も特定人種を差別的に扱っていた言葉であり、現在も人種差別用語と認知されています。今日の人権擁護の見地に照らして不適切であり、使用すべき言葉ではありません。本書では、当時のアメリカ球界で正式名称として使用されていたため、当該リーグを指す際にのみ、歴史的用語としてやむなく使用していますが、このリーグ名自体が差別用語であり、当時のアメリカ社会、アメリカ球界の差別的な状況を示していることを読者諸氏には理解していただきたく存じます。

AKI猪瀬（あき　いのせ）
1970年生まれ。栃木県出身。89年にアメリカへ留学。MLBについての研究をはじめ「パンチョ伊東」こと伊東一雄に師事。現在はMLBジャーナリストとしてJ SPORTS、ABEMA等に出演。流暢な英語を交えた独自の解説スタイルには定評があり、出演本数は年間150試合におよぶ。東京中日スポーツで20年以上コラムを執筆するなどスポーツライターとしても活動中。著書に『メジャーリーグスタジアム巡礼』（エクスナレッジ）、『大谷翔平とベーブ・ルース』（角川新書）がある。

大谷翔平《おおたにしようへい》とホームラン

2024年４月26日　初版発行

著者／AKI《あき》猪瀬《いのせ》

発行者／山下直久

発行／株式会社KADOKAWA
〒102-8177　東京都千代田区富士見2-13-3
電話　0570-002-301（ナビダイヤル）

印刷・製本／大日本印刷株式会社

ISBN 978-4-04-114709-2　C0075